TOKYO
1964
1964
ЛЕНИНГРАД
PHILIPPINES
TOKYO
1964

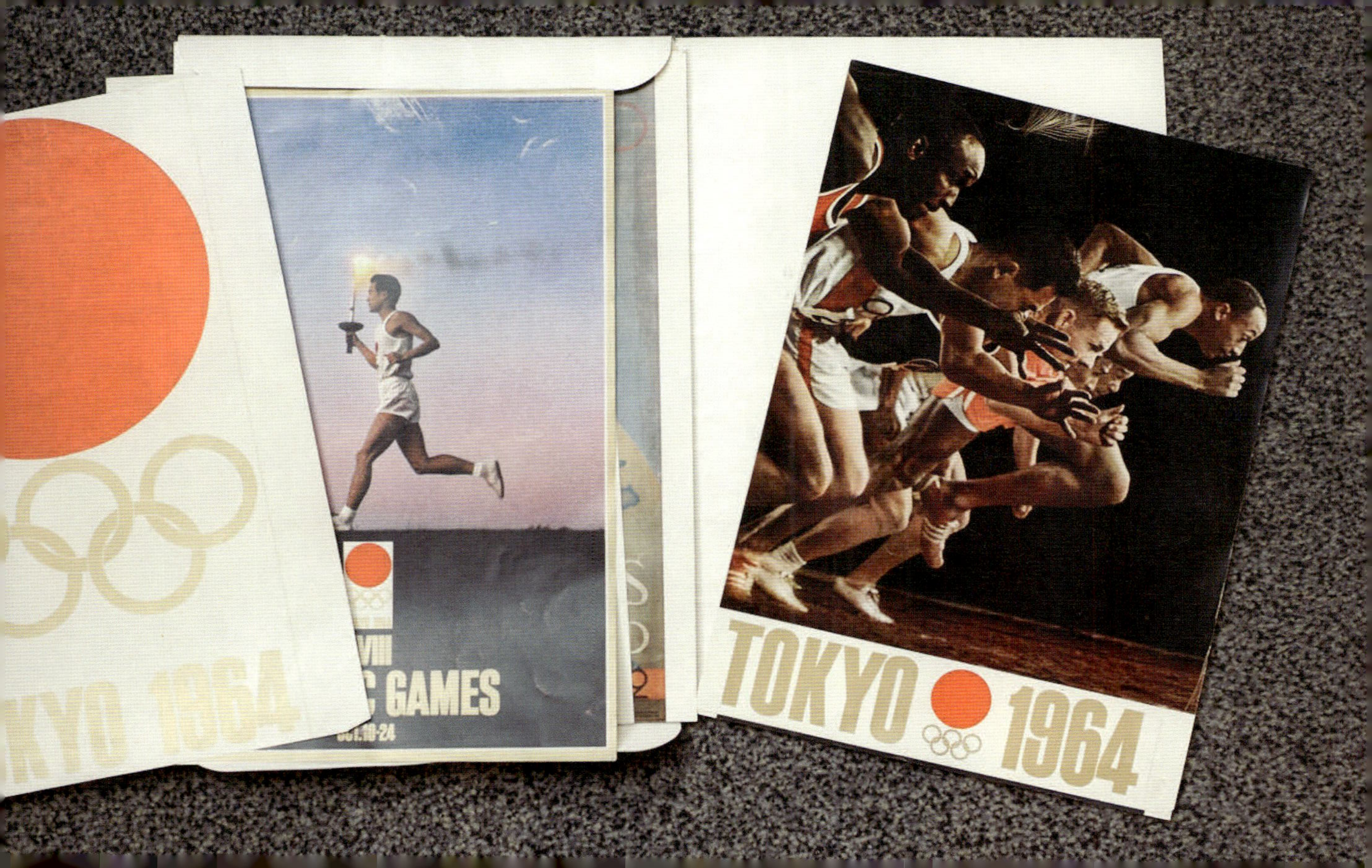
TOKYO 1964
VIII
C GAMES
OCT.10-24
TOKYO 1964

SAYONARA

東京オリンピッ

はじめに

2020年、2回目の東京オリンピック開催が間近に迫っています。

前回大会は、1964年に開催されました。大会に合わせて作られた交通網や上下水道といったインフラが、敗戦後に日本が経済大国として復興することを後押しした——64年の東京オリンピックは歴史的にそう総括されています。

しかし64年大会の恩恵を最も受けたのは、他ならぬスポーツ界のはずです。当時東西冷戦の象徴であったアメリカとソ連に次ぐ16個の金メダルを獲得し、国立競技場や代々木体育館など、多くのスポーツ施設がオリンピックに合わせて建設されました。さらに、出場したオリンピアン（オリンピック出場選手のこと）たちは、引退後指導者となったり、協会で要職に就いたりと、各競技の発展に大きな貢献を果たし、現在の日本スポーツ界を作り上げました。例えば男子体操個人・団体で金メダルを獲得した山下治広は、引退後指導者として監物永三や塚原光男を指導し、両者はそれぞれ五輪で金メダルを獲得しました。山下はその後、日本体操協会専務理事に就いています。

それにもかかわらず、64年大会に出場したオリンピアンたちの〝その後〟が語られることはほとんどありません。新聞や雑誌、テレビなどのメディアに登場したインタビューでも、聞かれることは決まって〝どうやってメダルを獲得したのか？〟それだけです。メダルを獲得できなかった競技では、そもそもメディアへの露出自体が極端に少ないまま。中にはすでに鬼籍に入られた方もいます。

２０２０年のオリンピック開催を目前にして、64年大会に出場したオリンピアンたちにまとめて話をうかがうことができるまたとないチャンスだと思い、12人のオリンピアン及び関係者に取材をお願いしました。

本書では雑誌『月刊サイゾー』にて行った彼ら彼女らへのインタビュー連載をもとに、64年大会の思い出に留まらず、その後の競技への貢献や、スポーツを超えた社会全体への影響にも言及しています。85年生まれの筆者は、64年大会を観戦していません。そのため当時の新聞をはじめ各種報道や資料に当たり、本文でも可能な限り引用しています。

彼ら彼女らの目に１９６４年以降の日本は、そして２０２０年はどう映っているのか？

そうした問いかけをすることで、１９６４年東京オリンピックとは一体なんだったのか？　にも迫っています。

これまでないがしろにされてきた１９６４年の〝その後〟に、耳を傾けてみてください。

目次

アフター1964東京オリンピック

カルロス矢吹

CYZO

Story

1

鈴木章介

Shosuke Suzuki

巨人のコーチになった異色の陸上選手

オールスターの時も、王、長嶋、金田の3人は外野を全力で走っていた。

すずき・しょうすけ

［陸上］十種競技 15位

1936年11月11日生まれ。静岡県浜松市出身。中学から陸上競技を始め、高校時代には棒高跳びで高校日本一に輝く。早稲田大学入学後、十種競技に転向し58年アジア大会では日本代表に選出された。大学卒業後は大昭和製紙（現・日本製紙）に入社し、64年東京五輪に十種競技日本代表として参加。翌65年、当時の川上哲治監督の依頼を受け、プロ野球初のランニングコーチとして読売巨人軍に入団。第一次長嶋茂雄監督時代の79年まで在籍し、V9を含む巨人の黄金時代に大きく貢献した。

上:当時の10種競技世界記録保持者、台湾の楊伝広と。　左下:得意ではなかった短距離種目も、独自の鍛錬で克服した。　右下:元々は棒高跳び専門であった。

上:“ミスタープロ野球”長嶋茂雄と。　左下:優勝時には胴上げもされた、選手から信頼されていた証である。　右下:本塁打世界記録保持者、世界の王貞治と。

金田正一の400勝達成の裏にも、鈴木の支えがあった。

五輪出場を境に、オリンピアンの人生は大きく変わることがある。鈴木章介も、64年東京五輪に陸上十種競技で出場しなかったら、まったく違う生活を送っていたのかもしれない。

1964年11月、まだ日本が五輪の興奮から覚めぬ中、鈴木は地元浜松の野球場にいた。彼を呼び出した人物は、川上哲治。読売巨人軍の日本シリーズ9連覇、いわゆる〝V9〟の時代に監督を務めた、日本プロ野球史に残る伝説の名監督である。鈴木と対面し、川上はこう切り出したという。

「プロ野球シーズン終わりの秋、シーズン始めの春。陸上競技のコーチに選手を鍛えてもらうと、非常に筋力も強くなり、脚も速くなる、怪我も少なくなっている。だから、専任で一年通して選手を見てもらえないか」

バットも持たない、グラブもはめない。プロ野球界初のランニングコーチ、今で言うトレーニングコーチとして、川上は鈴木に白羽の矢を立てたのだった。鈴木はこれを受諾し、巨人のV9に大きく貢献。漫画『巨人の星』にも巨人軍ランニングコーチとして登場し、当時の巨人軍エース城之内邦雄をして「V9最大の功労者は鈴木章介さん」と言わしめたほどである。

「ジョーのこともね、随分走らせましたよ」

かつての鬼コーチらしく、ニヤリと不敵な笑みを浮かべながら、鈴木はV9戦士たちの素顔を語り始めた。現代なら、技術的な指導とは別に、コンディションを整えるためのトレーニングコーチをつけるのは当たり前である。だがそんな前例もない時代に、鈴木は選手個別のトレーニングメニューを組み、現代と遜色のない指導を行っていた。その所以《ゆえん》は、選手自ら知恵と工夫を振り絞り続けた、自身の競技人生にあった。

河野洋平のおかげでインカレ3連覇!?

鈴木は、静岡県浜松市出身。陸上競技を始めたのは意外に遅く、中学2年生の途中からであった。

「子どもの頃は身体が大きいから相撲は強かったんだけど、特に何もやってませんでした。中学2年の時に全校一斉の体力テストがあったんですけど、それも学年で5番目ぐらいで。何をやったら一番になれるかなあと思ってたら先生から〝お前身体が大きいから陸上をやれ〟って言われてそれに飛びついたんです。最初は幅跳びや3段跳びをやっていたんですけど、最初は市内の大会でも予選落ちですよ。3年になったら、市内の大会は勝ち進むんだけど、県大会は予選落ち。そんな成績でしたね」

決して飛び抜けた才能に恵まれたわけではない、そんな鈴木に飛躍の足掛かりを与えたのもまた、顧問の教師であった。

「僕は負けず嫌いの性格で、〝もう陸上も終いかな〟と思っていたら、浜松の大会で新種目として棒高跳びが始まった。そしたら先生が〝やってみろ〟って言うから、やってみたら2メートル67センチで優勝したんです。当時はまだ竹の棒で跳んでいて、まあ棒高跳びなんてほとんどやる人もいなかったんですよ。だけど市内一番になれたっていう自負心は持てたわけですよね」

陸上競技を続けていく自信を得た鈴木は、地元の浜松商業高校へ進学。競技部に入り、棒高跳びの選手としての能力を本格的に開花させる。

「1年生の時は、竹で3メートル11センチ跳んだけど、県大会で予選落ちですよ。これじゃしょうがないから、勝つためには練習するしかない。だけど人と同じことをやっても同じ記録しか出ないから、やり方を考えなきゃいけない。まだウエイトトレーニングもない時代で、練習なんて跳んで走ってしかありませんでしたけど、それだけじゃ棒高跳びはダメなんです。走力もあって、腕力もあって、腹筋背筋もなければ高く跳べない。そこで足腰を鍛えるために、同級生に〝毎日迎えに行くから俺の自転車の後ろに乗ってくれ〟と頼んだんです。それで毎日市役所の横にある長い坂を向かい風受けながら漕いで通って、足腰も鍛えられるし、ハンドルもしっかり握らなきゃいけないから腕も鍛えられる。最初は3分の1も進みませんでしたけど、4カ月くらい経ったら坂の上まで行けるようになって、そのおかげで3メートル45センチまで記録が伸びて全国5位に入りました。でもこれからは追われる立場になる、同じ練習をしていたらそれ以上伸びない。そこで昼休みに砲丸投げや円盤投げ、投擲《とうてき》種目を練習することにして、これが最後に活きたんですよ。3年生の時には早稲田出身の和田さんという良いコーチにも巡り合い、インターハイで竹の棒で3メートル71センチの大会新記録を出して、日本一になれました」

当時まだ日本では指導法も確立していない棒高跳びで結果を残すために、鈴木は独自の練習法を考え出し、実行していった。中にはうまくいかないものもあっただろうが、これらの経験が後の十種競技オリンピアン、そして巨人軍トレーニングコーチとしての基礎を築いたのだろう。全国の大学から入学の誘いが来たが、鈴木は全て断り、長年憧れていた早稲田大学を一般受験。補欠合格ながら、念願のエンジのユニフォームに袖を通すこととなった。

「受験番号さえ書けばいいとか、寮費は免除とか、いろんな大学から誘いはあったんだけど、運動選手っていうのは怪我と紙一重ですから……。何かあった時のために早稲田大学がいいと思ったんです。合格発表の日に、私の受験番号はなかったんですけど合宿所から競走部のマネージャーが来て〝お前は補欠合格だ。普通の学生と同じように授業に出て、論文も書かなければいけないけれど、それさえすれば他の学生と同じ扱いで卒業できるから〟って言われたから、別に〝補欠合格〟って名札つけて歩くわけじゃないしいいや、と思ってね。棒高跳びで取ってくれたかどうかはわからない、もしかしたらマークシートの解答がうまく当たってたのかもしれないしね」

晴れて早稲田大学の門をくぐった鈴木だったが、入学直後に屈辱を味わうことになる。

「僕は足が速くなかったんです。その時で、100メートル12秒6でしか走れなかった。入学した年の5月に体育会の部活を集めて早稲田の運動会があった、〝競走部は速いやつを出したら勝っちゃうから遅い順にリレーを走れ〟って言われて二走で出たら、野球部やラグビー部に簡単に抜かれちゃって。陸上競技をやっていながら他の部活に抜かれる、こんな悔しいことはない。『どうしたら速くなれるか？』って考えて、寮長に頼んで競走部で一番足が速い人と同じ部屋にしてもらったんです。考え方は単純だけど、朝起きてからご飯を食べるのも練習するのも隣でずっと観察して。でもそれではあんまり速くならなかった。50メートル走でゴールした後もトップを抜くまで80メートルまで全力で走る、棒高跳びに必要な腹筋背筋を毎日自分で決めた分鍛える、こういうことをやっているうちに3年生の夏に土のグラウンドを１００メートル10秒9で走れるようになりました。全部自分で考えてやっていましたね」

高校時代に培った〝考える〟力は、大学に入ってからも鈴木の大きな力となった。十種競技に転向したのもこの頃である。

「最初は棒高跳び専門でやってたんですけど、高校時代から投擲の練習していたから、和田さんから〝十種競技やってみろ〟って勧められて。2年生の秋に初めて十種競技で大会に出てみたら、５４００点くらい取れたんですよ。〝これなら来年のアジア大会出られるよ〟って言われて、次の年本当に出られたんですよ。それが日本代表として日の丸をつけた最初で、日本人の中で3位だったかな。その時は五輪なんてまったく考えてなかったけど、負けるとやっぱり悔しくて、それから十種競技をやるようになりましたね。

当時の早稲田競走部は、全員同じウォーミングアップで、マラソンのザトペックがやっていたインターバル走も長距離の選手とやっていた。そのおかげで1500メートルは問題なかった。高校時代の投擲練習も、足が遅かったことも、全部十種競技をやる上で役立ったんです」

練習振りを買われたのか、鈴木は監督と前主将から指名され、競走部主将に就任し、主将として日本インカレ2連覇を達成。この際も、鈴木はちょっとした〝工夫〟を凝らしている。

「当時の早稲田は、いろんな種目を掛け持ちしている選手が揃っていたんです。それまでインカレは土日開催だったけど、金土日の3日間開催にすれば、みんなで掛け持ちして勝てる。その時、競走部マネージャーをやっていたのが河野洋平（元自民党総裁）で、まだ僕の方が偉かったから〝インカレを3日間開催にするよう交渉してくれ〟と命令したら、本当にそうなった。あいつもあの時から政治力を持っていたんでしょうね、あれからインカレは3日間開催になったんですよ。私も棒高跳びや1600メートルリレーを掛け持ちして、そのおかげで優勝できた。お父さんの河野一郎さんも競走部OBとして見に来ていたので、全員で胴上げしました。最近の選手は自分の専門競技しかやらない、だけどいろんな種目をやることで、精神力の強さが違ってきますよね」

大学卒業後、十種競技での五輪出場を現実的な目標としていた鈴木は、大昭和製紙（現・日本製紙）に入社。陸上部もあり、環境的に恵まれていたが、入社にはこんな経緯もあった。

「大学3年の時、実家が火事になりまして。これは陸上を続けられないなと思っていたら、また和田さんが早稲田の先輩の望月さんという大昭和製紙の専務を紹介してくれて、大昭和の嘱託《しょくたく》として月給をもらっていたんです。その代わり、卒業後は大昭和に就職しなさいよ、とそういう約束で。いろんな会社から誘いは来ましたが、全てお断りしました。そうやって早稲田の先輩たちには随分助けてもらいました」

大昭和製紙入社後、鈴木は十種競技日本記録を更新し、日本代表として62年アジア大会に出場。続いて63年プレ五輪にも出場し、１００メートル10秒9、走り幅跳び7メートル01、砲丸投げ12メートル台と上々の滑り出しを見せるが、思わぬ落とし穴が待っていた。

「当時の高跳びはマットではなく、ポリエステルの端切れをいっぱい積んで、そこに着地していたんです。そしたらスパイクが地面に引っかかって、体重が足にかかって甲を折ってしまった。冬には練習復帰して、東京五輪には間に合いましたけど、魔がさしたんでしょうね」

なんとか東京五輪には間に合わせたものの、怪我の影響もあってか15位に終わってしまう。当時の新聞でも、2日目午前終了時点で、かなり投げやりな書き方をされてしまっている。

〈日本の鈴木は六種目を終わって四一一八点で首位と七二〇点差、六位にも五八五点差をあけられ、またこの日には不得意の円盤、ヤリ投げがあるので上位進出の望みはなくなった〉(昭和39年10月20日付・毎日新聞夕刊)

「投擲はどうしても向こうの選手には敵わなかったね。五輪が終わったら、もう陸上を続けるつもりはありませんでした。もちろん重圧はありましたよ。良い時に良い種目をやって、良い時に終えたな、というのが五輪の感想でしたね。最近の選手はちょっと良い成績を出すとすぐに〝五輪を目指します〟って言うけど、そんなもんじゃな

GIANTS
46
GIANTS
35
GIANTS
19
GIANTS
71

川上哲治監督に率いられ、読売巨人軍は日本シリーズ９連覇を達成。当然未だにこの記録は破られていない。

いと思うね」

東京五輪十種競技には、もう一人日本と縁の深い選手が出場していた。ローマ五輪銀メダリストで、当時の世界記録保持者であった、台湾の楊伝広である。日本統治下の台湾に生まれ、日本語も堪能であった楊は〝東洋の鉄人〟と呼ばれ、日本でも高い人気を誇っていた。注目度だけで言えば、鈴木よりも高かったかもしれない。彼もまた、様々な重圧を受けながら東京五輪に出場していた。

「楊伝広と初めて会ったのは58年のアジア大会、裸足で100メートル10秒台で走って、ヤリ投げは日本記録より投げるし、すごい身体をしていました。本格的に十種競技を始めるために、織田幹雄さん（日本人初の五輪金メダリスト）を頼ってUCLAを紹介してもらい、台湾の国費で留学していました。五輪で僕は一緒に練習していたんですけど、彼は膝を痛めていた上に風邪もひいていて、そのせいで五輪では5位でした。米国で出会った女性が中国本土の人で、台湾政府から結婚にストップがかかっていたんですね。その人のお父さんが米国でボウリング場を経営していて、東京五輪後はそこの支配人になったんです」

当時の台湾と中国の緊張関係の一端がうかがえるエピソードであるが、そこに巻き込まれた楊伝広が受けていたストレスは並大抵のものではなかったであろう。
２００７年１月、楊伝広はカリフォルニア州の自宅で亡くなっている。

王・長嶋より手こずった金田正一を説き伏せた一手

さて、そんな東京五輪の後、鈴木は読売巨人軍に入団。実はこれも、早稲田がつないだ縁であった。当時巨人の打撃コーチを務めていた荒川博は早稲田ＯＢ、鈴木と面識があったのである。

「荒川さんや広岡達朗さん[※]、早稲田ＯＢの野球選手が練習でグラウンドに来ることがあって、一緒に走ったりしていたんです。終わった後に荒川さんの家ですき焼きをご馳走になったこともありました。プレ五輪で足を折った時も、横綱大鵬の診察も断っていた巨人の嘱託医に、荒川さんが連絡してくれて診てもらえたこともありました。東京五輪が終わった後も、これから仕事を覚えて働こうと思っていたところに、荒川さんから〝浜松球場でオープン戦をやるから来なさい〟と言われて、行ったら川上さんがいて。コーチの誘いも、今のカミさんに相談したら〝好きなようにやったら〟って言うから、〝仕事を覚えるにしても、どうせゼロから始めるんだったらこっちやってみよう、それに引退した選手に新しい道を開くことになるかもしれない〟そう思ってコーチをやることにしたんです」

決断まではさほど時間がかからなかったが、実はそれまでに〝外堀〟は埋められていた。

「早稲田OBで朝日新聞に務めていた織田幹雄さん（28年アムステルダム五輪金メダル）、毎日新聞に務めていた南部忠平さん（32年ロサンゼルス五輪金メダル）の二人からその前に話はあったんです。〝俺は読売ではないけど、読売がこういう人材を探している、行く気はあるか？〟って。そこで僕がノーってはっきり言わなかったから、川上さんから正式に誘いが来たんだと思うんですね。川上さんの後に、河野一郎さんからも呼ばれました。〝やるんだったら3年契約でやりなさい。ダメだったら洋平と一緒に富士スピードウェイで雇うから〟って言われて、後が決まってるならいいやと思って〝はい！〟って返事して。だから最後に背中を押してくれたのは河野一郎さんですね。巨人はその通り3年契約を結んでくれたので、私はプロ野球初の複数年契約者でもあるんです」

早稲田ＯＢとはいえ、競争相手の新聞社や、時の大物政治家を動かす辺りに、読売グループの持つ権力の巨大さを痛感してしまう。また、人気球団だったからこその幸運もあった。

「学生時代から嘱託にしてくれていたので、一番お世話になった専務の望月さんに挨拶に行ったんです。そしたら望月さんが巨人ファンだったんですよ。〝巨人以外だったらダメだけど、巨人だから許す〟と言ってくれて、そこも運が良かったんです」

そして65年元日、正式契約のために、のちに読売グループ社主となる正力亨《とおる》との面談を迎えた。

「銀座のふぐ料理屋でした。ふぐの食べ方なんかわからないから、〝どうやって食べたらいいんですか？〟って聞くくらい無知でした。そしたら正力さんが〝契約金300万、月給15万でどうだ？〟って言うから、〝えっ?!〟って言ったんですよ。当時の私の月給、２万２０００円ですよ。そしたら正力さんが〝安いか？〟って。あの時、もうちょっと頭が働けば、もっと上げてもらえたんだろうけどね」

そうして鈴木はランニングコーチの肩書きで読売巨人軍と契約を締結、球団からも1月4日付で正式に発表された。１月の都内合同自主トレ、そして2月の宮崎キャンプから、プロ野球界初となる野球経験ゼロのコーチ業が始まった。しかし前例のない試みは、多くの人間には異端にしか映らない。当然、誰もが両手を拡げて鈴木を歓迎したわけではなかった。

「そりゃあ最初は慣れてませんから、〝俺たちは陸上選手じゃない〟〝なんで走らなきゃいけないんだ〟って選手たちから言われましたよ。新聞記者たちも、最初はクエスチョンマークだったでしょうね。やらせるまでが大変だったんですよ。だからみんなを納得させるために、僕も先頭に立って一緒に走ってました。それをやらないとプロの選手はついてこない。十種競技の選手だから、そう簡単には負けませんよ。最初はみんな一緒のメニューでやらせてたんですけど、川上さんから〝プライドが高い選手、みんなの前で怒っていい選手、いろんな選手がいるから、選手の性格や動作を見るコーチにならないとダメだよ〟って言われていたので、僕はそれを活用しました。選手は十人十色、130くらいのトレーニングを考案して、一人ずつメニューを組むようになりましたね」

だが、鈴木のトレーニングに文句も言わず、文字通り先頭を走ってくれたのが〝ON砲〟こと王貞治と長嶋茂雄、時代の寵児とも言える二人のスーパースターであった。

この二人が黙ってついて来てくれたことが、鈴木が巨人軍でコーチをしていく上で大いに助けになったそうだ。鈴木はもちろんＯＮにも個別の練習メニューを組んでいた。

「王さんていうのは１００パーセントじゃない、１２０パーセント頭が野球の人だから、調子が悪くなると一回野球のことを忘れさせなければいけない。だから47打席くらいヒットが出なかった時、打撃練習が終わった後、雨の中を延々一緒に走り込んだことがありました。40分くらい走ったかな二人で、それで最後わざと脚を緩めて抜かせて。頭空っぽにしてもらったら、次の日ヒットを3本打ちました。長嶋さんは、調子が悪くなると周りに気を使って反対にどんどん明るくなる人なんです。彼は全身がバネだから、ジグザグ走やミニハードルで、バネを身体に溜め込むようなトレーニングをしてもらいました」

だが、手こずった選手もいた。４００勝を挙げた大投手、金田正一は一筋縄ではいかなかったそうだ。

「金田さんは、唯一僕に敬語を使ってくれなかった人でね。キャッチボールをする時も、あの人のカーブは一回沈んだと思ったらまた浮き上がってきて、もう一度沈むんです。うまく捕れなかったら僕を〝給料泥棒〟って呼んできて。〝章介〟っていつも呼び捨てにされていました。いつか頭下げさせてやろう、そう思っていたんです。そしたらコーチになって5年目、あの人が肘を痛めて398勝で止まってた時、〝章介、ワシはもうこれで終わりだ〟って言うから〝398と400で終わるのどっちがいいですか？〟って聞いたんです。〝400に決まっとる〟って言うから〝じゃあ僕に身体を預けてください〟って言ったら〝わかった〟と。その時は〝ざまあみろ〟と思いましたよ。

あの人は毎日二人がかりでマッサージさせてたので、筋肉が柔らかくなりすぎてたんです。だからマッサージをやめさせて、筋肉を硬くしてもらいました。筋肉は柔らかくなりすぎるとダメなんですね。そしたら400勝を達成して、あれは自分のことのようにうれしかった。そのお礼にと、カネさんの背番号にちなんでゴルフクラブの3番と4番のウッドをもらいました。あれは僕の宝物ですね。

3人には、オールスターの時も宿題を出していたんです。当時のオールスターなんてお祭りみたいなものでしたけど、その時もONK、王、長嶋、金田の3人は外野を全力で走っていた。球界を代表する3人のそんな姿を見て若い選手はびっくりしたそうです。そうやって段々みんな言うことを聞いてくれるようになりました」

金田の他にも、指導に苦労した選手がいた。赤い手袋がトレードマークだった柴田勲《いさお》がそうだ。

「柴田は〝五輪の選手になるわけじゃない、俺はプロ野球選手なんだ、走らなくていい〟そんな感じでした。柴田は自分では足が速いと思っていたんです。横に手を振るフォームを直すかどうか悩んでいたんですけど、女房（60年ローマ五輪走り幅跳び日本代表の伊藤文子）に〝あの人はあれでバランスを取っているんだから直さなくていいんじゃない〟って言われて、それで踏ん切りがつきました。本人にフォームを直さないことを伝えた上で、走力を強化するために下半身のトレーニングをやらせましたね」

鈴木のトレーニングメニューを聞くと、フィジカルだけではなく、今でいう〝メンタルトレーニング〟の役割も果たしていたことがわかる。だが、彼がＶ９に貢献したのは練習面だけではなかった。

「当時は〝腹が減ったら力が出ない〟っていう時代でしたから、試合前でもみんなお腹いっぱい食べちゃう。だから一年間を乗り切るために食生活も変える必要がありました。帝国ホテルの調理師に聞いて、栄養面を勉強して、既婚者の選手には奥さんに

〝こういうメニューで食事を作ってください〟とレシピを渡していました。だから奥さんたちには随分喜ばれましたよ、当時はスポーツ選手の奥さんたちでもそういう知識はありませんでしたから。私たち陸上選手にとっては常識だったんですけどね」

言わば、フィジカル、メンタル、そして栄養士と一人三役をこなしていたわけだ。現代では当たり前かもしれないが、65年当時からこれだけ近代的な取り組みをしていたのだから、巨人V9は当然だったと思わざるをえない。しかも、鈴木はたった一人で1軍2軍全ての選手を指導していたのである。

「今はいいよね、3人も4人もいて。全部川上さんのおかげですよ。私だけではなく、当時の球界は退団したOBを引っ張ってくるのが当たり前だった中で、荒川さんやヘッドコーチの牧野さんなど、巨人OBでない人をコーチにした。だから野球界の大改革だったんですよ。川上さんとのエピソードで、忘れられないものがあります。一年目、私は試合が始まるとやることがないからいつもスタンドで観ていたんですけど、優勝が決まる試合では私に〝今日はベンチにいろ〟と言ってくれたんです。そういうことも考えてくれていた人だったんですよ」

川上哲治はなぜ鈴木に声をかけたのだろうか。鈴木自身は〝それはわからない〟と答えた。荒川博から聞いて、鈴木にコーチとしての資質を感じていたのかもしれない。もはや、川上自身が鬼籍に入っているので推測の域を出ないが、前代未聞のランニングコーチを常設するために〝東京五輪出場〟という肩書きがどうしても必要だったのではないだろうか。ただでさえ川上は批判の多い人事を断行していた、その中で周囲を説得するために、東京五輪の熱狂を利用したのではないだろうか。今となっては確認の取りようもないが、東京五輪がなければプロ野球の近代化はもう少し遅れていたかもしれない。

個人的に、鈴木にもう一つ聞きたい謎があった。なぜ〝V10〟を達成できなかったのであろうか。一般的には、ONを中心とした主力選手の衰えが原因とされている。しかし鈴木はそれだけではないと言う。

「V9を達成した翌年の74年は、もう勝つことに飽きてしまっていたんだと思うんです。それまでは〝ここで勝ったら優勝できる〟という勝負どころでは絶対に負けなかった。でも74年は負けても〝ああ、負けたか〟って程度で、負ける悔しさがわからなくなっていたんじゃないかな。今考えると、そんな気がします」

川上哲治はその年限りで巨人の監督を退任、その後も鈴木は長嶋が監督を務めていた79年まで巨人にコーチとして在籍した。〝選手と一緒に先頭に立って走れなくなったら辞める〟。就任前に決めていた自身の矜持《きょうじ》に従って下した決断であった。巨人の母体である読売新聞は以下のように短く報じている。

〈国松、町田、鈴木の三コーチは退団となった〉（昭和54年10月22日付・読売新聞）

V9の功労者に、なんともあっさりとした扱いだが、同時に来季から阿野鉱二と長谷川徹の2名が巨人のトレーニングコーチに就くことを報じている。15年に渡る鈴木の努力が、後進への道を切り開いたのであった。これだけの功績を残した名コーチである、将来的に野球殿堂に入る資格を十分に有していると思う。

巨人を退団後、鈴木は地元浜松に戻って義兄の仕事を手伝い、今も浜松市内で暮らしている。2020年東京五輪の聖火リレーを務める、それが現在の鈴木の願いだ。

「(河野)洋平に頼むしかないかな。俺にやらせろ、って陸連にも言っておくけど、1キロメートルくらいは走れるように2年がかりでコンディション整えるつもりです」

常に全力で走り続けていた鈴木の両脚が止まるのは、もう少し先の話になりそうだ。

［参考文献］
『月刊陸上競技　2013年2月号』（講談社）
羽佐間正雄『巨人軍V9を成し遂げた男』（ワック株式会社）
山室寛之『巨人V9とその時代』（中央公論新社）
鵜飼克郎『巨人V9　50年目の真実』（小学館）
矢島裕紀彦『石橋を叩いて豹変せよ　川上哲治V9巨人軍は生きている』（NHK出版）
梶原一騎・川崎のぼる『巨人の星』（講談社）

［注釈］
※**広岡達朗**……1932年生まれの元プロ野球選手。巨人の遊撃手として活躍した後、ヤクルトと西武で監督を歴任。その後ロッテではGMも務めた。

Story

2

中村多仁子

Taniko Nakamura

偶然の導きで体操を始めた少女が2大会連続出場

敗戦から立ち上がった日本は、もう全員が〝外人コンプレックス〟でした。それから美的な価値観も変わったんです。

なかむら・たにこ

［体操］女子団体 3位 銅メダル獲得

1943年3月23日生まれ。新潟県三条市出身。高校時代、教師の勧めで体操を始める。東京教育大学（現・筑波大学）在学中に東京五輪女子体操日本代表に選出され、長年日本女子団体の弱点と言われていた得意種目の段違い平行棒で、銅メダル獲得に大きく貢献した。68年メキシコシティ五輪でも日本代表として五輪連続出場を果たし、女子団体で4位入賞。現役引退後は東海大学体育学部教授の職に就き、体操競技部で後進の指導にあたった。『女子体操競技の基礎レッスン』（ベースボール・マガジン社）、『スポーツは果実』（求龍堂）など著書多数。

天分を見出して指導

どの大会でも見守り声援

斎藤先生とおかあさん

上:62年、世界選手権が開催されたチェコにて。

下:故郷新潟の新聞。担任の先生とのエピソードは地元でも有名。

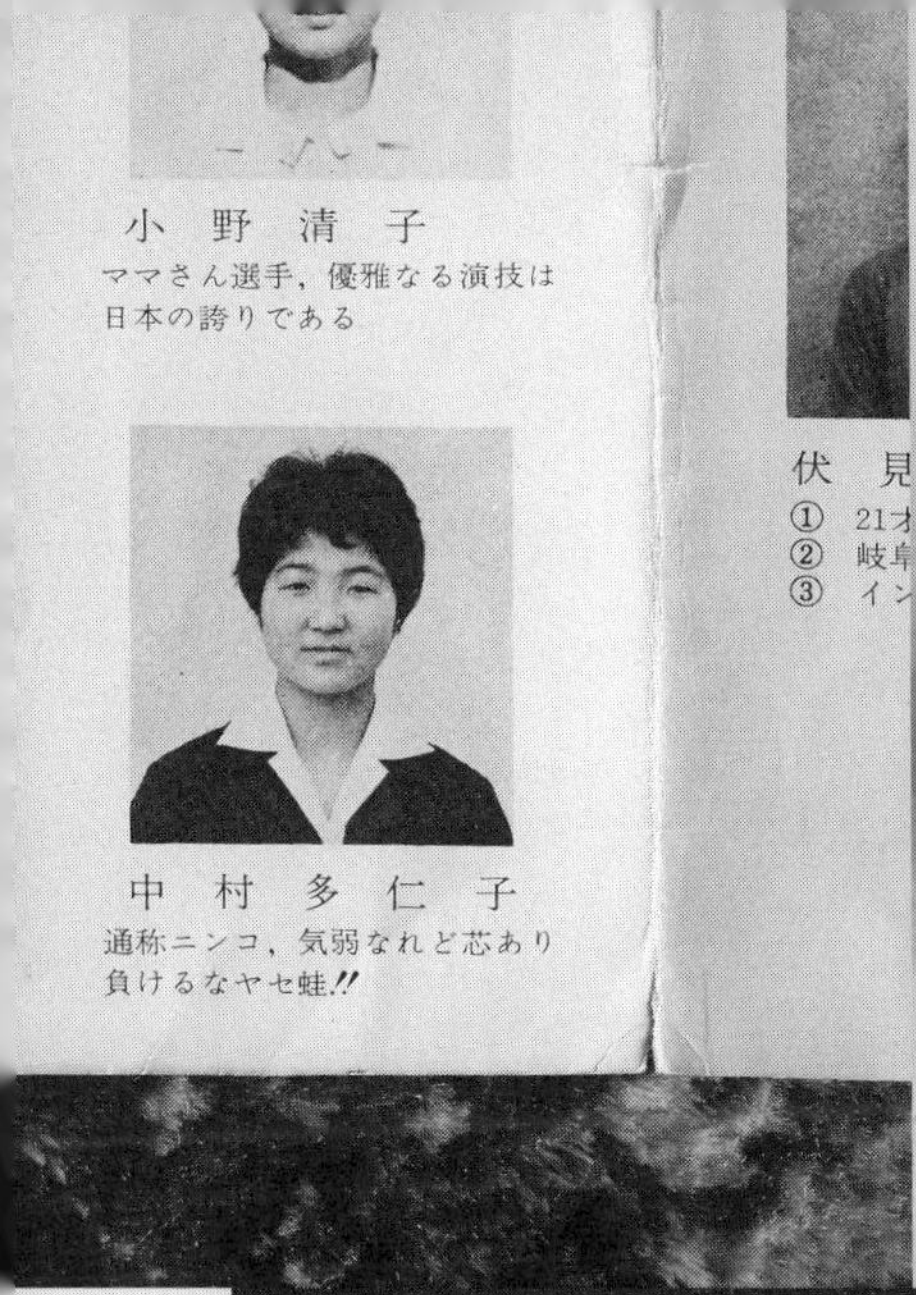

小 野 清 子
ママさん選手，優雅なる演技は日本の誇りである

中 村 多 仁 子
通称ニンコ，気弱なれど芯あり負けるなヤセ蛙!!

伏 見
① 21オ
② 岐阜
③ イン

3点
3
3
2
9

女子団体に3位となった日本チーム。待望の銅メダルを胸に退場。

当時は何故か団体でメダルを獲得しても、1チーム一つずつしかメダルが授与されなかった。そのため後年、特別記念メダルが制作され、該当者に配布された。

“名花”ベラ・チャスラフスカの直筆サイン入りブロマイド。64年以降も度々来日し、その度に大量のプレゼントが届いたという。

２０２０年東京五輪開催が近づくに従い、出場候補選手たちをメディアで目にする機会も増えてきた。水泳の萩野公介や体操の白井健三など、五輪でのメダル獲得が濃厚とされている若きアスリートたちの姿が、ニュースの隙間を縫うように連日報道されている。

では、64年東京五輪開幕前はどんな競技に人々の注目が集まっていたのだろうか。体操女子日本代表として出場した中村多仁子は、自身の体験を交えながら、当時の雰囲気を教えてくれた。

「メダルが期待されていたのは、バレーボールと体操でした。自国開催だからどの競技も日本代表として出場はできるんだけど、メダルに匹敵する種目は、特に女子は少なかったから。だからね、代表に決まった後は買い物に行くのも辛かったんですよ。レジの列に並んでたら〝中村さんでしょ？〟って言われて、名札をつけて外を歩いているんじゃないかと思うくらい。お釣りを受け取る時に、皮がむけて豆だらけの手を見せるのも嫌でした」

事実、バレーボールと体操は64年東京五輪のハイライトとなった。女子バレーボール、男子体操は金メダルを獲得しただけでなく、それぞれ〝東洋の魔女〟〝ウルトラ

Ｃ〟と現代にも残る流行語を生み出していることからも、当時の熱狂がうかがえる。そして女子体操も、当時の日本に大きなインパクトを残したが、それは日本代表の銅メダル獲得だけが理由ではなかった。この五輪だけで4つのメダルを獲得したチェコスロバキア代表、〝名花〟ベラ・チャスラフスカの美貌と演技に、日本中が釘付けになっていたからである。中村は、年齢が一つしか違わなかったチャスラフスカとは、互いに気を許しあう仲であった。

「東京五輪の後に彼女と話したら、〝日本人からトラック2台分プレゼントが届いた〟って言うから、それは流石に嘘だろうと思ったんですけど、本当だったんですよ。体操選手としての能力だけじゃない、彼女はすごい美人だし、気遣いはあるし、心をオープンにして日本のことを学ぼうとする姿勢もある人でした。私もああいう風に生まれてきたらよかったなあ、って思いましたよ」

冗談を交えながら、チャスラフスカとの思い出を話す中村だが、自身も常人離れした才能に恵まれたアスリートであった。

体操を始めてわずか1年で全国へ

中村は、新潟県三条市出身。競輪選手を志し、自転車販売店を経営する父の下に四姉妹の三女として生まれた。

「父が若い頃、自転車は高級品でしたから、柏崎の自転車屋さんに丁稚《でっち》奉公に行って、自転車に乗って売りに出かけて、それが練習だったんですね。その店が三条市に支店を出すということで、三条市に移ったんです。父は働きながら、弥彦《やひこ》競輪場でレースにも出ていました。転倒して痣《あざ》だらけの身体をお風呂の中で見たのを覚えています。そんな父でしたから男の子を願っていて、私が母のお腹の中にいる時にたくさんお腹を蹴るからすごく期待したらしいんですよ。ところが生まれてきたら女の子だったから、病院にも来なかったそうです」

中村の父も、まさかこの女の子が将来五輪メダリストになるとは、その時は想像もできていなかったのだろう。当時の日本は、まだ女性がスポーツに打ち込む環境どころか、働く環境でさえもこれから整えようとする時代だった。

「幼稚園の頃からおてんばな子どもでしたけど、小学校の時は今みたいにクラブ活動なんてなかったんですよ。遊びの中でスポーツをやったり、学校で跳び箱とかドッジボールをやったり、その程度でしたね。中学校に上がって、学校でのクラブ活動が盛んになったので、バレーボールを始めたんです。

中学の頃はスポーツばっかりで、試験勉強も一夜漬け。だから高校も市内の女子校に行くつもりだったんです。そこから大学進学する人はほぼゼロで、卒業後は嫁ぐか企業の受付をやる人ばかりでしたけど、当時は共学の高校に女子のクラブ活動は少なかったので。そしたら、担任の男の先生が家まで来て、〝将来、女性がスポーツの仕事に就く時代が必ず来る。その時に専門的な知識がなければ一人で食べてはいけないから、共学の進学校に行って、大学に行きなさい〟って私と両親を説得するんです。それで県立の共学校に行ったんですけど、当時は女性の体育教師もいないし、女子が入れる運動部もなかったから、演劇部に入っていたんです」

結果的に、共学へ進むという選択が後の銅メダリスト誕生の発端となる。共学の高校で演劇に勤しんでいた彼女を体操の世界に引き入れたのは、またも学校の先生であった。

「高校2年生の頃、体育の先生がまた家まで来て〝女子の体操部を作るから娘さんを入れませんか？〟って親を説得して、それで体操を始めたんです。高校も共学になってしばらく経っていたので、女子も増えて更衣室もでき始めた時でした。でも練習は何を教えてくれるわけでもなく、8ミリフィルムで体操選手の映像を壁に映して〝こうやるんだぞ〟って言われるだけでした。

その先生が〝日本の弱点は段違い平行棒だから、これをやれば五輪に出られるぞ〟って盛んに言うから段違い平行棒を特に練習してたんです。そしたら普通の高校生がやらないような技もやるもんだから、国体やインターハイに選ばれてしまって。インターハイでは段違い平行棒で3位に入ったんです。最初は私も含めて3人くらいいたんですけど、みんな〝こんなきついことはできない〟ってやめてしまったんです。けれど、私をサポートするためにマネージャーとして部に残ってくれました。

そこまで行くと親も〝もしかしたら娘が五輪に出られるんじゃないか〟って思い始めていて、先生も本当に熱心だったし。身体はきついし、手もボロボロだし、私も練習は嫌でしょうがなかったんですけど、周囲の期待を裏切れないなと思ってやめられなかったんです」

稀代《きだい》の慧眼の持ち主であったのか、それともただの偶然だったのか。体育の先生の予想通り、中村は後に段違い平行棒を武器に日本代表に選ばれ、五輪に出場することになるのであった。

高校3年生の春、体操を始めてわずか1年で全国レベルまで達した中村だったが、五輪を意識したのもまた同じ頃であった。ローマ五輪の体操女子日本代表最終選考会が、隣町の長岡市で開催され、中村はそこで初めて日本のトップクラスの演技を目の当たりにする。

「24名から6名に絞り込むんです。私はそこで全日本級の演技を初めて見たんですけど、その24名は凄かった。でも代表に選ばれた6名の演技が、断然光っているわけですよね。オーラが出ていた。こういう演技をしないと五輪には出られないんだ、と思って。そしてその時の6名は、東京教育大（現・筑波大学）と日本体育大学が半々ずつだったんです。インターハイに出てたから、いろんな大学から勧誘は来ましたけど、五輪に行くためにどちらかの大学に行こうと決めていました。どちらも受かったんですけど、日体大は学費が高かったですから教育大へ進学することにしました」

この時の東京教育大学受験で、中村には今も忘れられない思い出があるという。

「すっごく覚えてます。私、これはすごく覚えているんですけど。教育大学にはダンスを研究されている教授がいらっしゃって、女子だけ入学試験にダンスが必修だったんです。教室に通されて、先生がピアノを弾くんです。それを聴いた後、〝人間の一生〟というテーマで振り付けるんですけど、それを紙に書いて文章で説明するんです。終わったら空いたところで曲に合わせて、実際にゴロゴロしたり飛んだりしたんですけど、そんなことやったことないから困っちゃってね。こりゃダメだって思ってたんですけど、なぜか受かっていました」

難問を突破し、無事に志望の大学へ入学した中村は、ここでも指導者に恵まれた。

「当時大学でコーチをやられていた金子明友先生が、新入生歓迎会で〝君たちは一年間器具に触らなくていい。君たちの先輩は日本の宝だ、その宝物がどうやったら気分良く効率的に練習ができるか、その補助役をやりなさい。そして練習している先輩たちを見れば、自分が練習するよりもより多くのものを得られるはずだ〟。そういう風に言われたんですね。

そうしたら、教育大学が日ソ大会で来日していたソ連代表選手たちの練習場になったんです。そこでソ連代表、当時の世界トップの選手たちの荷物運びをするために彼女たちを間近で観ることができました。〝観て盗む〟ということは高校時代から8ミリフィルムを見てやっていましたから、それは本当に勉強になりましたね」

日本中から体操エリートが集められていた教育大学体操部である、〝見ているだけ〟という金子コーチの指示に、もどかしい気持ちを抱いた新入生もいたことだろう。だが中村にとっては、なじみのあったこれ以上ないトレーニングであった。その甲斐あってか、中村は1年生ながらインカレに出場し、段違い平行棒で6位入賞。日ソ大会のエキシビションでも、ソ連選手に交ざって演技を披露している。

「段違い平行棒が良かったからですよ。その他の種目はサッパリ。体操を始めたのも遅かったですから、基本的な動きが上手にできないことはこの時のコンプレックスでした」

そして1962年、大学2年生の頃に、中村はチェコで開催された世界選手権に日本代表選手として参加。ここで出会ったのが、当時すでに世界の舞台で名を轟かせ始めていた、ベラ・チャスラフスカである。

「チームリーダーの荒川御幸《みゆき》さんから、〝チェコにタニちゃんの1歳上ですごい選手がいるよ、よく見ておきなさい〟って言われて、それがチャスラフスカさんでした。もちろん演技も凄かったんですけど、それよりもまず美人の選手、ということで魅了されて。

人間的にもとても魅力のある人で、チェコ国内でもすごい人気でした。でもその時はそんなに話はしなかった、〝私は水を飲んでも太っちゃうのよ〟なんて話を彼女から聞いたくらいだったんですけど、仲良くなったのは東京五輪の後ですね。その後も日本で体操の競技会が開かれるようになって、そこで初めていろいろしゃべるようになりました。

彼女はロシア語をしゃべりたがらなかったから、ドイツ語を好んでしゃべっていたんです。教育大学体操部は、顧問が岸野雄三先生、戦争でなくなってしまった東京五輪の体操代表だった方なんですが、教育大学の哲学科を出られている先生で。その方の方針で、〝体操部はドイツ語ができなきゃいけない〟という風習が部内にあったんですね。だから私も勉強して、ドイツ語はしゃべれたんです」

この世界選手権で、チャスラフスカは跳馬で金メダルを獲得。来る東京五輪に向けて、時代の流れは彼女に傾き始めていた。

一方で中村は調子を落とし、63年プレ五輪出場は逃したものの、東京五輪選考会は得意の段違い平行棒で突破。高校時代に憧れた6人の枠に、チーム最年少で選出されたのだった。

「先輩たちはみんな優しかったですけど、いざ選考会となるとみんなライバル。選手っていうのは孤独なんだなと思いました。当時の体操界はまだ年齢が高かったですから、池田（敬子）さんや小野（清子）さんのように子どもがいる選手もいました。小野さんとはよく一緒に練習していましたけど、お子さんが風邪を引かれたら練習を早退したりして、まだ子どもがいる選手へのサポート体制は十分ではなかったですね」

当時の五輪種目で女子が参加できたのは、体操、水泳、陸上、バレーボール、そして性別の区分がなかった馬術だけである。お母さん選手以前に、まだ女性アスリートへの対応自体が、日本だけでなく世界的に進んでいなかったと言えるだろう。邪推ではあるが、女子バレーボールと女子体操に注目が集まっていたのは、メダルへの期待だけではなくある種の物珍しさも手伝っていたのかもしれない。当時の新聞記事の中にも、少々気になる表現を用いた記事が散見される。例えば、〝山百合を追うバラ〟と題して、当時の女子体操界トップ、ソ連のラリサ・ラチニナとチャスラフスカを比較した以下のような文章である。

〈ラチニナはことし三十才。（中略）ラチニナを〝山百合〟にたとえるなら、チャス

開会式の衣装、真っ赤なブレザーにつけられていたメダル。

ラフスカは顔立ちも、体つきも、演技の持ち味も、さしずめ咲きほころびた〝バラ〟だ。（中略）枯れたラチニナとは正反対に、二十二才のチャスラフスカは〝可能性〟に満ちあふれている〉（昭和39年10月16日付・毎日新聞）

五輪前年のプレ五輪で日本国内の知名度を上げ、大会前から注目度が高かったチャスラフスカを持ち上げたかったのだろうが、後に国際体操殿堂に入るほどのアスリートであるラチニナに対して、いささか敬意が欠けた物言いである。64年当時、女性アスリートたちが好奇の目に晒されながら戦っていたことを端的に証明している。

良くも悪くも、チャスラフスカの名前ばかりがメディアに取り上げられる中で、女子体操日本代表チームは五輪本番に向けてしたたかに戦略を練っていた。海外遠征を繰り返し、表現力が重視される自由演技では不利であることを悟っていた日本代表は、〝決められた演技内容を必ず取り入れて行う規定演技で4位以下に差をつけて3位に入り、自由演技で差をつけられても総合点で逃げ切る〟という作戦を取っていた。だが、その戦略は失敗に終わる。

「規定演技のルールが変わっていたんです。それに気づいたのが大会の3日前で、規定で勝てるなんていう気はもう誰も起きなかった。情報が入ってこなかったっていうのが今でも不思議でしょうがない。規定演技を終えて、結果は4位。もうみんなで壁に向かって2時間以上大泣きしましたね」

当時の新聞も、開幕前の期待と打って変わって、規定演技終了後早々に白旗を上げている。

〈日本ははじめの平均台で中村・千葉が九・一台に終わり、これが響いて結局四位。ソ連との差は一・七三五、自由問題ではさらに引き離される可能性が強い。だが、相原、池田の両ベテランがよくがんばった〉（昭和39年10月20日付・朝日新聞）

しかし、自由演技でさらに予想外のことが起きた。ソ連、チェコに次いで3位につけていた東ドイツが、自由演技でミスを連発。日本は3位に浮上し、日本女子体操初の銅メダルを獲得したのである。

〈日本女子チームの三位入賞は望外の収穫だった。しかもそれがおヒザ元の日本のファン、皇太子妃の目前で果たされたとあって、きわめて効果は満点だった。規定を終えた時には日本の前にはソ連、チェコ、ドイツがいた。首位ソ連との差は1・735と開いていたから優勝は論外だったが、三位のドイツとは0・067の小差だったことが日本チームの自由での奮起を促したといってよい。その日本にとって当面のライバルドイツが、自由にはいってまったく精彩なかったことはまったく幸運だった。

ドイツは主力トリオのうち本来の実力を発揮したのはものおじしないラドラフくらいのもので、ソ連にもチェコにもないこのチームの物やわらかくて、それでいてシンのしっかりしたカラーは肝じんの自由で影が薄れた。その点午前中に終わったチェコは、陣容は若くても勝負度胸もずぶとければ、実現能力も多彩だった。

ドイツの低調に光明を見出したこの夜の日本は手初めの平均台の好調が士気に大きく響いた。ラストの池田が9・7でしめくくってからの日本は徒手でも池田、小野、相原のベテラン三選手が確実に加点した。

日本は外国選手に比べて体のスケールも小さく見ばえのしない条件の不利を背負っている。それでいて三位入賞が果たせたのは確実第一主義でのぞんだからだ。たとえ演技そのもののスケールは小さくとも、技の高度さと確実性に活路を見出せば、あの重厚なドイツや大胆ほん放なチェコあたりとも対等に戦えるという足がかりをつかんだことは東京大会の意義を深くした〉（昭和39年10月22日付・毎日新聞）

この銅メダル獲得は、選手たちにとっても〝望外の収穫だった〟そうだ。

「あれだけ泣いて、もう涙も出なくなって、〝自由演技ではもう淡々と自分たちのやることをやろう〃って話して、自由演技に挑んだんです。そうしたら東ドイツの選手たちが、ラインオーバーしたり平均台から落ちたりして。私たちは演技していたから気づかなかったんだけど、点数をつけながら見ている本部や記者席の人たちが私たちの方を向いて腕でマルを作っていて、みんなで〝あれ何やってるんだろうね〃って話しながら演技してたんですよ。だから3位って聞いた時は最初信じられなくて、もう〝えっ？〃て感じ。それだけ東ドイツがミスをしたっていうことなんですよ。今でもあの頃のメンバーにあうとその話をするんですけど、みんな泣いたことを覚えていないんです。〝え、そんなことあったっけ？〃って言うんですけど、みんなあんなに大泣きしたじゃない！　メダルを獲ったうれしさで忘れちゃったんですかね」

大逆転のメダル獲得劇を演じた体操女子日本代表チームだったが、チャスラフスカが個人で3つの金メダルを獲得する演技を見せ、新聞各紙はむしろこちらを写真付きで大々的に報道した。日本のメダル獲得は、文字通り片隅に追いやられてしまっていたのだ。前述の通り、トラック2台分のプレゼントが届くほどの人気を博したベラ・チャスラフスカだが、その人気の源は一体どこにあったのだろうか。後人を諭すように、中村はその理由を語った。

「当時の日本、敗戦後の日本には、〝外人コンプレックス〟というものがあったわけですよ。今でこそバラエティ番組で外国人タレントを笑い者にしたりしてますけど、敗戦から立ち上がった日本は、もう全員が〝外人コンプレックス〟でした。それから美的な価値観も変わったんです。日本人的な顔立ちよりも、目鼻立ちがしっかりしていて、ブルーの目、ブロンドの髪、長い手足、くびれたウエスト……。そういうものが、女性美の最高峰になっていたんです。そんな時、東京五輪に合わせてカラーテレビが普及し始めた。そのタイミングで、女性美の象徴として現れたのがチャスラフスカさんだったんです。本人もそれには自覚的で、あのブロンドは染めていたんだと思いますよ。目は青かったですけど、チェコの時はあんなブロンドではなかったはずです」

64年東京五輪では、多くの日本人金メダリストが誕生した。占領国アメリカを下した重量挙げの三宅義信、戦勝国ソ連を下した女子バレーボール。その姿に敗戦からの立ち直りを見せていた日本人は自分たちを重ね、これから経済大国の一員とならんとする心の支えとなったのだと思う。だがそれは、ベラ・チャスラフスカが象徴した〝外人コンプレックス〟と、表裏一体のものだったのかもしれない。

ビジネスにプロパガンダ、体操にかける国家戦略の違い

東京五輪閉幕後、中村は結婚し長男を出産。競技生活の始まりが遅かった中村は、競技者としての不完全燃焼を理由に産後も競技を続け、4年後のメキシコシティ五輪に出場した。だが、奇跡は2度起きなかった。ソ連、チェコ、東ドイツの後塵《こうじん》を拝し、今度こそ本当に4位で大会を終えたのだった。

〈日本女子チームは、（中略）段違い平行棒から自由演技を開始、ライバルの東ドイツとせり合ったが、ついに規定での劣勢をばん回できず〝銅メダル〟を逸して四位にとどまった。（中略）個人総合でもだれも六位までにはいれなかった。

日本は時折、見事なわざを披露した。たとえば、平行棒の羽生、高いバーの上の倒立をぴたりときめ、最後のひねり着地もうまくいって9・70。また松久と小田が、跳馬の山下とびをきめた。しかし、平均台で低得点にとどまったうえ、跳馬でも三栗（筆者注：中村のこと、結婚後メキシコシティ五輪は三栗姓で出場）が着地に大失敗し8点台を記録するなど切れ味にとぼしくミスも目立った。

なお、日本女子選手は各種目でも六位までにはいれなかったため種目別競技への参

加者は一人もなく、これで、女子の〝メダル〟への望みは完全に断たれた〉(昭和43年10月24日付・読売新聞夕刊)

この大会の総括として、東京五輪のチームメイトだった池田敬子《けいこ》は以下のコメントを残している。

〈一度順位が落ちると、それを回復するのはとてもむずかしい。東独が日本を追抜くのに何年かかったことか。これからは、選手づくりを根本から考え直さなければいけません(中略)東独を抜返すのは、当面、非常にむずかしいでしょう。大学の体操選手に頼っていたのでは、絶対にいけません。中学生から参加できるようなジュニア選手権をつくって、地方に埋もれている若い芽を見つけ、うまく育てるようにしなければ、東独を追い越すことは何年かかってもできないでしょう〉(昭和43年10月25日付・朝日新聞)

中村も、池田のこの意見に全面的に同意していた。

「その通りですね。私は東京五輪の時に、ソ連や東ドイツから科学的技術だけではなく、組織的なものをすごく感じていたんです。それで五輪の後に、私たちはこれまでモノマネでやってきたけれど、それではダメになっていく時が必ず来る。それでメキシコシティ五輪がその通り4位で、帰国した時記者に〝なんで4位に終わったんだ？〟って言われたから、〝他の国は組織がしっかりしていて、それに合わせて指導力もちゃんと組まれていて、そうして上がっていく人が代表になっているんです〟って答えたんです。

ソ連や東ドイツのような旧共産圏の国は、国力をアピールするためにスポーツには労力とお金をかけていましたから、選手の発掘と育成を組織的にやっていたんです。欧米をはじめ、他の国は亡命者やソ連崩壊後の移民を積極的にコーチとして採用して、その仕組みを取り入れていきました。コマネチも米国に行きましたが、米国は完全にビジネスとして呼んでいますね。中国なんて、完全にソ連のパクリですよ。

それに応えたのが、東京五輪で一緒に戦った小野さんや池田さんが五輪後に作った体操クラブなんですよ。そこで才能がある小さい子を見つけて、ジュニアの大会を作って育てる。私たちの頃のように、学校の部活動だけで選手を強くしようなんて、そういうのはもう東京五輪が終わった時点で無理だったんです」

池谷幸雄、冨田洋之、内村航平、そして白井健三。彼らは皆、日本中に数多く存在する体操クラブの出身者で、幼少期から体操を始めていた。現在も体操界で絶え間なく五輪メダリストが誕生している背景には、東京五輪で旧共産圏としのぎを削った末に、先人たちが勝ち取った財産があったのだ。

中村は、決して学校教育を否定しているわけではない。他ならぬ彼女自身が中学・高校時代の恩師に半ば押し付けられた形で進学し、そうして始めた体操で五輪までたどり着いたのだから。だが、彼女の競技人生は偶然の連続であり、学生生活でどこか一つでもボタンを掛け違えていたら、体操選手として五輪で銅メダルを獲得することはなかったかもしれない。だからこそ、その限界もわかっているのだろう。残念ながら、日本では今も多くのスポーツが育成の仕組みを学校の部活動に委ねている。体操のように、体系化された選手の発掘・育成システムを持つ競技は、依然として少数派である。

メキシコシティ五輪以降、中村は二人の子どもを育てながら、東海大学体育学部教授として体操部顧問に着任。同部を創部9年で日本一へ導き、現在は同大学の名誉教授に就いている。同じくメキシコシティ五輪を最後に引退したチャスラフスカとの交流は続き、チェコスロバキアの内政問題で出国が許されなかった72年ミュンヘン五輪当時も、特例で出国したチャスラフスカとミュンヘンの地で再会を果たした。

チャスラフスカは、その後も度々来日し、2010年には旭日中綬章《きょくじつちゅうじゅしょう》を受章。日本のメディアにも再三登場していたが、2016年8月に74歳で他界した。1964年の東京を彩った〝名花〟は、2020年を迎えることなく、母国チェコで永い眠りについている。

「50歳の頃プラハに行ったら、チャスラフスカさんの切手が売られていて。その頃でもまだ人気があったんですね。亡くなってしまって寂しい、本当に素晴らしい人でした」

中村は、競技生活で獲得した記念品の多くを故郷新潟県に寄贈し、彼女の手元にはほとんど残っていない。しかし、〝名花〟ベラ・チャスラフスカのサイン入りブロマイドは今も彼女の傍らに置かれ、変わらぬ輝きを放っている。

【参考文献】

三栗多仁子『女子体操競技の基礎レッスン』（ベースボール・マガジン社）
中村多仁子『スポーツは果実』（求龍堂）
中村多仁子・三井悦子編『舞踊・武術・スポーツする身体を考える』（叢文社）
池田敬子『間違いだらけのスポーツ健康法』（ゆまにて出版）
池田敬子『人生、逆立ち・宙返り』（小学館）
後藤正治『ベラ・チャスラフスカ　最も美しく』（文藝春秋）
長田渚左『桜色の魂　チャスラフスカはなぜ日本人を50年も愛したのか』（集英社）
トータル・オリンピック・レディス会編『わたしたちのオリンピック　日本女子選手52人の思い出集（1932〜1994）』（ベースボール・マガジン社）

Story

3

本田大三郎

Daisaburo Honda

日本初のオリンピックカヌー選手

もうお互い顔も見たくなくて、
嫌で嫌でしょうがなかった。
そんな状態で五輪に出ていたんですよ。

ほんだ・だいさぶろう

［カヌー］レーシング男子カナディアン・ペア
1000メートルC2：準決勝敗退（4分40秒54）

1935年2月17日生まれ。熊本県八代郡坂本村出身。日本初のオリンピックカヌー選手で、1964年の東京オリンピックで正式種目として採用されたカヌー競技へ出場した。熊本県立八代高等学校・日本体育大学体育学部体育学科・自衛隊体育学校卒業。横浜市消防訓練センター体育訓練担当教官、その後は各大学のカヌー部コーチを経て、神奈川県の三浦市にあるマホロバ・ホンダ・カヌースクールの代表を務めている。息子は元レスリング選手、現プロレスラーの本田多聞。サッカー選手の本田圭佑は兄の孫である。

上：カヤック四人乗り、全員が速くなければ勝利は掴めない。
下：本田は現役引退後も、指導者として手弁当で日本カヌー界を支え続けた。

上:合宿所がある山中湖近くに住んでいる子どもから激励を受けたことも。
下:本田はカヌーやパドルも自分で作っていた。

“カヌー”という文字を“チカラマタイチ”と読む人もいた。それだけ当時の日本人には馴染みが無い競技だったのである。

２０２０年東京五輪に向けて、俄然注目度が高まっている競技がカヌーである。16年リオ五輪で、羽根田卓也が日本カヌー史上初の五輪銅メダルを獲得。２大会連続のメダル獲得への期待が推進力となり、これまで日本ではマイナー競技の一つに数えられていたカヌーにスポットライトが当たり始めている。実は日本人が五輪カヌー競技に出場したのは、64年東京五輪が初めてのことであった。

「１９６４年の東京五輪の際、１９４０年の東京五輪（開催が決まっていたが支那事変などの影響により返上）に出られたかもしれない学徒動員で亡くなった10万人を祀るため、国立競技場の片隅に祠《ほこら》を建てたんです。新しい国立競技場を建設するために名前を刻んだプレートは別の場所に保管してあるはずなんですが、その祠はまた建ててほしいんですよ」

目を潤ませながら２０２０年東京五輪への想いを語ったのは、第一回カヌー五輪選手団のエースとして、64年の東京五輪に出場した本田大三郎。現在でも、激しいトレーニングを続けているのだろう。今年で82歳だが、スーツの上からでも筋肉による身体の厚みがうかがえる。レスリングでロサンゼルスから3大会連続で五輪に出場し、後にプロレスラーへ転向した本田多聞は息子。そしてサッカー日本代表の本田圭佑は兄の孫である。

母が実家を売って大学へ進学

本田は熊本県八代郡坂本村、現在の八代市に8人兄弟の末っ子として生まれた。当時は相当な悪ガキで、親や教師に怒られるのは毎日のことだった。球磨川《くまがわ》沿いの生家の周りは山林に囲まれ、放課後になると友人たちと大自然の中を駆け回る毎日だった。この〝遊び〟が、本田大三郎の屈強な身体を作る源となった。

「熊本のど田舎で、子どもの頃は学校が終わると川で遊ぶくらいしかやることがないわけですよ。木を川に浮かべて、それに跨って漕いで家に帰ったり。渡し舟の漕ぎ手に、芋をあげる代わりに川で舟を漕がせてもらったり。日本3大渓流の球磨川を屁とも思わないで暴れ回ってました」

いかにもカヌー選手らしいエピソードだが、この時はまだカヌーという競技の存在さえ知らず、地元の県立八代高校に進学後、本田はハンドボール部に入る。まだ日本で〝送球〟と呼ばれ、現代の7人制ではなく11人制が主流の時代であった。本田はこの競技に夢中になった。高校1年生の時に父を亡くし、本田家は決して経済的に恵まれていたわけではなかったが、子どもたちにちゃんとした教育だけは受けさせたいというのが母の教育方針であった。

「ハンドボールをしたいなら続けなさい、その代わり帰る家はもうないよ」

そう言って母は家を売り、本田の大学入学金を工面した。進学先は当時最もハンドボールが強かった日本体育大学だったが、本田はわずか一年で中退している。

「経済的な理由ですよ、学校の練習は休めない、アルバイトもできない。だから、続けられなかったんです」

日本体育大学を中退後、地元八代高校の教師の紹介で自衛隊の試験を受け合格した本田は、姫路に赴任する。

「そこの上官が日体大出身だったので、入隊時から目をつけられていたんです。ラグビーチームを作るからお前もやれ、と言われて試合をしたりしてたから、それを自衛隊体育学校の人たちが見に来ていて、〝あいつはハンドボールもラグビーもできるんなら引っ張ろう〟ということになって、特別命令で自衛隊体育学校に行くことになったんです。ここで在韓ニュージーランド軍のラグビーチームと試合をしていたんですが、1932年から1962年まで、日本のラグビーは海外遠征をしていませんでした。だからこの交流戦が、日本のラグビーと世界との距離を測る唯一の機会だったんです」

ハンドボールだけではなく、ラグビーの黎明《れいめい》期にも関わっていた本田。いかに彼が才能に恵まれたアスリートであったかがうかがえる。この自衛隊体育学校への異動が、本田のアスリート人生にとって大きな転機となった。

「日体大にいた時より勉強になりました。自衛隊体育学校では通常、自分の担当競技だけやる人がほとんどですけど、私はいろんな競技をやった。そこでトレーニング方法も東大などから教授が来て講義をするから、多角的な方法を覚えるわけです」

本田は後年、横浜市消防訓練センター体育訓練担当教官を務めている。その時に本田が作成した訓練カリキュラムは、徹底した論理的トレーニング方法に基づいて整備されており、その他のセンターや海外でも採用されている。これは全て自衛隊体育学校時代の経験の賜物だと、本田自身は述べている。

そして、彼のキャリアを一自衛隊員から五輪選手へと伸し上げたカヌーとの出会いもこの時であった。しかしそれは、降って湧いたような話だった。

「60年開催のローマ五輪から、ハンドボールが正式種目として採用されるはずだったんです。〝東京五輪にハンドボールで出られる！〟と思ってたんですけど、確実に日本がメダルを取れる柔道を正式種目に入れる代わりに、ヨーロッパがメダルを取りやすい近代5種とカヌーが正式種目として採用されることになった。

それから一年は落ち込んで何もできなかったですね。ところがある日、自衛隊の中で集合がかかって『カヌーという競技が東京五輪で採用されることになり、自衛隊でチームを作ることになった』というんです。しかも、『これからどんな競技かビデオで見る』って言われたんだけど、見たら船を漕いでるだけ。『これなら俺が子どもの頃毎日やってた、すぐ五輪に出てやるよ！』と言ってカヌーを始めたわけですよ。その時にはもう結婚して子どもも生まれていたので、女房の家の方からは『何を考えているんだ』って言われましたけどね」

欧州発の世界的競技会である五輪を、アジアの小国で開催するための妥協点。カヌーの五輪正式種目としての採用は、極めて政治的な決定の産物であった。

これが61年、東京五輪開催のたった3年前の話である。この時点で、本田はおろか自衛隊の中でもカヌーという競技がどんなものなのかさえ、ほとんど知られていなかったのだ。

東京五輪開催期間中の朝日新聞でも、カヌーはこんな風に紹介されている。

〈こんどのオリンピックで、おそらく、日本人にはもっともなじみの薄い競技ではあるまいか。ボートと違うのは、進行方向を向いてこぐこと、カイを艇にとりつけることができないこと。

会場の神奈川県相模湖。にぶい銀色の水面は、ライトブルーと黄色の標識で、コースが仕切られている。ゴールは、大きな赤い玉の列。スイスイと一直線に進むカヌーは、小さく、早く、軽快。遠目には、ミズスマシがすべってでもいるふう。

艇の底に片ひざをつき、カイで片側だけこぐのがカナディアンカヌー。腰をおろし、両げんをかわり番こにこぐのがカヤックである〉（昭和39年10月21日付・朝日新聞）

本田が専門としたのは、カナディアンの一人乗りである。本田は、瞬く間に日本のトップ選手となった。

「私が一番速かったですよ。その証拠が、東京五輪前年に開催されたプレ五輪。外国人も一緒に走る大会で、私は1位になってるんです。他の日本人選手は艇やパドルもデンマークから輸入したものを使用していましたけど、私は全て自分で作っていました。結局、自分で作ったものが一番合うんですよ」

そんな本田が認めた数少ないカヌー選手が、同じく自衛隊体育学校所属だった佐藤忠正である。彼は本田と同じく一人乗りで、カヤックを専門としていた。

「基礎体力は、佐藤が当時のカヌー選手の中でも一番あったんじゃないかなあ。重量挙げの選手でも持ち上げられない重さのバーベルを、彼は持ち上げてましたからね。もしシングル（一人乗り）に出場していたら、準決勝までは間違いなく行ったんじゃないかと思います」

しかし、本田も佐藤も、東京五輪本番は一人乗りで出場していない。本田はカナディアン二人乗り、佐藤はカヤック4人乗りで出場している……一体なぜなのか。本田は深いため息を一度つき、その理由を語った。

「当時の自衛隊は戦後間もない頃で、今よりも存在意義が問われていた、日本人に認めてもらわなければいけなかった。そこで、メダルよりも一人でも多く自衛隊から五輪に選手を出す、というのが狙いだったんです。私が二人乗り、佐藤忠正が4人乗りに出場すれば、それに引っ張られて他の自衛隊の選手もオリンピックに出られる、と考えたんですよ」

自衛隊設立は1954年7月1日のこと。歴史の浅い自衛隊にとって、国民の注目を集める一大イベントである東京五輪に多くの選手を送り込むことは、その価値を高める格好の機会であったのだろう。

本田が二人乗り転向を「説得」されたのは64年に入ってから、東京都御岳山《みたけさん》で行われた自衛隊体育学校主催の東京五輪決起集会でのことだった。

「自衛隊体育学校の五輪候補全員で頂上に登って、すき焼きパーティーをしたんですよ。そこで上官が東京の街を遠くに見ながら、村田英雄の『王将』を替え歌にして〝明日は東京に出て行くから何が何でも勝たねばならぬ〟って全員に歌わせて。お酒も入って、みんなもう完全に洗脳されてね。それから部屋に戻って休もうとしたら『本田、ちょっと来い』って言われて。特別室に行くと、幹部が勢ぞろいしていて『今からお前に命令をするから、〝はい〟と言え』って言うわけですよ。

命令も何も、内容も知らないのに返事できないじゃないですか。そう言ったら『いいから言え』と。しょうがないから、『はい！』と言うと、『言ったな。本田、明日からシングルはやめろ。岩村とペア（二人乗り）だ』って言われて。『ペアなんてやる気ないですよ！』って言っても、『さっき返事したじゃないか。これは自衛隊の命令だ。

いいからやれ』と言われて。あれは頭きたなあ。一晩寝れなかった、悔しくて。佐藤も、同じようにやられて、彼も未だに不貞腐れてますよ。他の競技ですけど、突然自衛隊の所属になって、五輪が終わったら自衛隊を離れていた人もいて。そうやって選手の数を稼いでいた。今も似たようなところがあると思いますけど、当時の自衛隊は特にこういう傾向が強かったですね」

最終的に本田はこの岩村俊一と東京五輪にペアで出場するのだが、二人の関係はお世辞にも良好とは言えるものではなかった。

「彼とは性格的に合わなかったです、一切口をきかなかった。練習でも、私についてこれなかったんですよ。私はまずスタートで一気に全力を出して速度を上げてそのままゴールする戦法で、それでシングルでも成功したんですけど、岩村は持久力がないんですよね。岩村がバテて途中で遅くなる。自衛隊からは『シングルでもエントリーしておくからペアで負けたらシングルで出ればいい、2回チャンスがあると思え』って言われてたんですけど、彼らは私の性格をわかっていて、いざ試合になると負けたくないからペアでも本気を出す。それでやっぱり代表の選考試合に勝っちゃったんですね。結局、五輪には二人乗りで出ることになってしまった。もうお互い顔も見たくなくて、嫌で嫌でしょうがなかった。そんな状態で五輪に出ていたんですよ」

もう一人、この自衛隊の決定に振り回された人物がいる。元々岩村とペアを組んでいた、皆川正吉である。

「私が岩村と組まされることになって、皆川は翌日から部隊に返されてしまった。（自衛隊の決定に対して）彼も悔しい思いがあったんでしょう。それでも東京五輪が開催されている間もずうっと道具の管理や運搬など下働きをやってくれて、今も福岡県カヌー連盟の会長を務めており、若い選手を育てています。

ただ、あの二人では、五輪には出られなかったでしょう、長崎や熊本に強いチームがいましたから。そういう意味では、自衛隊の狙い通りだったんですよ。五輪ではどの種目でも、協会の中に派閥があって、お気に入りの選手を五輪に出すために何度も選考会を繰り返したり。その大会で一発で決めるはずだったのになぜか決まらなかったり。こういうことはこれまで何回もあった。次の五輪でも、また出てくると思うんですけど、大人たちの思惑で一人の若い人間の一生を台なしにしてしまう、これはあってはならないことですよ」

本田の言う通り、彼だけでなく、岩村、皆川、そして4人乗りでの出場を強要された佐藤。全員が自衛隊という組織の決定に翻弄されたと言っていいだろう。組織に所属するものであれば、ましてや自衛隊に所属している人間ならば、上の人間の決定に従うことは、ある意味仕方がないことではある。しかし、それが今も彼らの心に深い傷と後悔を残している。

五輪の思惑に翻弄された若者たち

そして、本田はもう一つ警鐘を鳴らす。

「64年の東京五輪の直前に、どういう経歴なのか誰も知らない人が選手団に入ってきたんですよ。選手でもコーチでもない。何をするわけでもない、ユニフォームを着て五輪選手団という肩書きが欲しいためだけに、助手とかそういう名目でね。私は、72年のミュンヘン五輪にはコーチとして参加しましたけど、その時もそういう人がいました。他の競技でもあるでしょう。よく見ていてください、次も必ずそういう人間がいますから」

そして迎えた東京五輪本番。カヌーに対する知名度同様、国民からの期待値も決し

て高いものではなかった。カヌー全種目が神奈川県の相模湖で一斉に始まるその日の新聞では、「強い東欧、北欧勢」というタイトルから以下のように試合展開を予想している。

〈カヌーが伝統的な人気競技で選手層も厚いルーマニア、ハンガリー、チェコ、スウェーデン、デンマークなどの東欧、北欧諸国、それにソ連、ドイツが相変わらず強い。メダルもこれらの国々で分け合うことになりそう。予選の上位三クルーが決勝、種目によっては準決勝に進出、4位以下は敗者復活戦に回る。（中略）日本勢は実力向上のあとは認められても、これら強豪には歯が立つまい。

決勝は九コースで行われる。参加数が十クルーのカヤック・ペア女子、十一クルーのカナディアン・シングル、十二クルーのカナディアン・ペアなどは数学的には一応有望と考えられるわけだが、入賞はおろか、決勝出場もあやぶまれているのが現状だ〉

（昭和39年10月20日付・朝日新聞）

結果は、ほぼこの予想をなぞるものだった。

〈カヌー競技が紅葉の色づきはじめた相模湖で始った。二十二カ国から百六十六人の選手が参加、三日間にわたって七番目に熱戦が展開された。

第一日は相模湖一帯は朝から小雨に煙り、うすら寒い天候だったが、風はなく湖面は静かでまず絶好のコンディション。日本ではめずらしいカヌー競技に付近の小、中学生や一般客がつめかけた。午前十時、男子カヤックシングルからレースが開始され、次々と軽快な〝水スマシ〟の競争がつづき、行楽シーズンも終りに近い静かな相模湖に歓声がこだました。

午前中行われた各種目の予選のうち、日本は男子カヤック一人乗り、カヤック二人乗り、カヤック四人乗り、カナディアンカヌー一人乗り、カナディアンカヌー二人乗り、女子カヤック二人乗りの六種目に出場したが、男子カナディアンカヌー一人乗りの吉尾選手がチェコを、同二人乗りの岩村、本田組がオーストラリアを抑えて最下位を免れたほかは、いずれも健闘むなしく最下位に終わった〉（昭和39年10月20日付・朝日新聞夕刊）

本田は昨日のことのように、この予選を口惜しそうに振り返った。

「750メートル過ぎまではトップだったんですよ。私が得意の最初から全力で漕ぐ戦法で。そしたら岩村が途中でバテて、どんどん抜かれていくんです。私はペアでは後ろで漕いでいたんですが、『お前さえちゃんとしていれば！』そう思い、漕ぎながらパドルの持ち手の部分で岩村の頭を小突いていました。でも、あと半年あったらあのペアでもいいところまで行けたと思うんです。時間がなさすぎましたね」

最下位を免れた本田・岩村ペア、そしてシングルの吉尾詔二（自衛隊）と敗者復活戦を勝ち上がった東山日出夫（大正大）の4人が、かろうじて翌21日の準決勝に進出したものの、全員が準決勝で敗れている。カヌーの正式種目採用から慌ただしく始まった日本史上初カヌー五輪選手団の挑戦は、こうして静かに幕を閉じた。

息子もレスリングで五輪出場

その後、本田は68年のメキシコシティ五輪には出場さえしなかったものの、東京五輪後からはコーチ業を兼任。テロで中断のあった72年のミュンヘン五輪では、コーチとして選手団に帯同した。その後も協会の要職には就かず、ボランティアで後進の指導に当たり続け、時には選手たちにボートやパドルを無償で提供した。

二人の息子、多聞と大は父と同じ五輪の舞台に立つことを目指し、レスリング選手としてトレーニングを積んだ。多聞は自衛隊所属で84年のロサンゼルス五輪から88年ソウル、92年バルセロナと3大会連続で五輪出場を果たしている。20歳で出場したロサンゼルス五輪では、100キロ級で5位入賞を果たした。だが、息子も父と同じ轍を踏まされることになる。

「多聞は100キロ級でずっと出ていたんですが、バルセロナ五輪で自衛隊から『五輪出場選手を増やすために130キロ級で出てくれ』って言われて。結局その階級で出たんですけど、私の時と一緒ですよ。それで勝てるわけないですよね。自衛隊は、親子2代でこんな目に遭わせるのか、と。それでもう私も多聞も完全に自衛隊と、アマチュアと縁を切ったんです」

自衛隊を離れた後、多聞はプロレス転向を宣言し、当時ジャイアント馬場が率いていた全日本プロレスへ入団。現在も自ら経営するレスリングスクールの傍ら、フリーのプロレスラーとして、度々プロのリングに上っている。

そして父の本田大三郎も、神奈川県にあるマホロバ・ホンダ・カヌースクールの代表を務めながら、現役の指導者として子ども向けのカヌー教室を開き、競技の裾野を広げる活動を続けている。2016年リオ五輪では羽根田卓也が日本カヌー史上初の銅メダルを獲得。東京五輪から52年の歳月が流れていた。

「シングルで出場していた吉尾より、シングルの成績では私の方が最高タイムが12秒早かったんですよ。そのタイムが出せれば、金メダルが取れたかもしれない。銅とか銀とかありますけど、メダルは一つでいいと思うんですよ。カヌーは今も全試合見ています、次の東京五輪も会場まで行くつもりです。一番ピカピカしたメダルを取ってほしい。その後ろには、敗れていった人間が大勢いることを皆さんにはわかってほしいですね」

もしも本田が64年の東京五輪でシングルに出場していたら、そしてメダルを獲得していたら、その後の日本カヌー界はどうなっていたのだろうか。もしかしたら野球やサッカーと並ぶメジャースポーツとなり、日本中にカヌーの練習場が溢れ、本田大三郎はその第一人者として広く知られていたかもしれない。もちろん本田がシングルに出場していたとしても、メダルには及ばなかった可能性もある。それでも選手自身が自分の力を出し切ったという思いがあれば、行き場のない後悔を抱くことは稀《まれ》だろう。

アメフト、ボクシング、体操。２０１８年はスポーツ界に渦巻く多くの不条理が白日の下にさらされた年だった。２０２０年を迎える前にそれらが明るみになったことは、唯一の救いなのかもしれない。

［参考文献］

本田大三郎『スポーツで心を強くする子育て』（かんき出版）

本田大三郎『本田の男は骨で闘う』（あさ出版）

『Ｖｏｉｃｅ』（ＰＨＰ研究所）平成28年12月号

Story 4

金義泰

Kim Ui-Tae

「JUDO」の歴史とともに歩んできた柔道家

柔道が国際化したことはよかったと思う。
ただ、柔道の質を維持するために
英語で交渉する人材が、
64年以降の日本柔道界にはいなかった。

キム・ウィテ

［柔道］中量級 3位 銅メダル獲得

1941年6月2日生まれ。兵庫県神戸市出身。在日韓国人2世として生まれ、日本名は山本義泰。中学の時に柔道を始め、神港学園から天理大学へ進む。61年の世界選手権から韓国代表として国際大会に出場するようになり、64年東京五輪に出場し銅メダルを獲得した。72年ミュンヘン五輪に出場した後、現役を引退し母校の天理大学で指導者の道へ。76年モントリオール五輪では柔道韓国代表監督を務め、韓国のメダル獲得に貢献した。

韓国柔道界が初めて手にしたメダルは、金義泰が獲得した銅メダルであった。

現在も神港学園の理事を務め、柔道の“原点”を後世に伝え続けている。

金義泰が表紙に起用された、柔道の解説本。

２０１７年8月にブダペストで開催された、世界柔道選手権。２０２０年東京五輪を目前に控え、66キロ級の阿部一二三をはじめ、日本は大会最多となる8個の金メダルを獲得。井上康生監督の下、研鑽を積んだ日本人選手の活躍にスポットライトが当てられたが、リオ五輪銅メダリストの永瀬貴規《たかのり》や羽賀龍之介が早々に敗れるなど、もはや日本人が必ず勝てる競技ではなくなって久しい。国際柔道連盟が07年に発表した調査によると、単純に競技者数だけを比べても日本は約20万人、一方ブラジルが約２００万人、フランスが約50万人と、他国の後塵を拝しているのが現状だ。今や「ＪＵＤＯ」は世界共通語となり、柔道の総本山ともされる講道館本部にある嘉納治五郎《じごろう》像前では、訪日観光客が毎日のように記念撮影をしている。

だからこそ、柔道ほど日本人が感情移入しやすい種目はないだろう。日本発祥の競技で、ここまで国際化したものは他にない。その出発点は、間違いなく１９６４年東京五輪だった。当時は「日本が確実に金メダルを獲得できる」と考えられていた柔道を五輪種目として認めてもらうために、カヌーなど欧州がメダルを確実に獲得できる種目を増やした上で、柔道それ自体も欧州寄りに大幅にそのルールを改正。

それまで体重制限なしの無差別1階級のみで行っていたが、体重別に4階級制を設けたのは東京五輪が初である。その後幾度ものルール変更を経て、女子柔道も追加され、男女ともに7階級が設けられることに。そして先の世界選手権では、試合時間を4分に変更、さらに技ありを2度取れば一本とする「合わせ技一本」も廃止するなど、またも大幅なルール改正が行われた。これは「一本」を積極的に取りに行くよう選手を促し、テレビ中継のコンテンツとしてエンターテインメント性を強めるための、欧米主導のルール改正であったと言われている。

GHQの命令が柔術をスポーツに変えた

柔道は間違いなくその裾野を拡げている。だがそんな変遷を、韓国代表として64年東京五輪柔道中量級に出場した金義泰《キムウィテ》は苦々しい思いを抱いて眺めていた。

「私が学生選手権をやっていた頃、1試合15分ですよ。今の学生に15分やらせたら死によるでしょ。柔道の勝負を決めるには最低6分は必要です。あの頃は、息が詰まるような睨み合いがあった。それが今はなくなったんですよ。それに退屈するような人なんていなかった、〝すごい気迫だな〟っていうのが横で見ていてもわかりました。

そういうものが今の柔道からはなくなってしまいました」

東京五輪に端を発した柔道国際化の歴史、それはめまぐるしいまでのルール変更の歴史でもある。そしてその過程は、奇遇なことに、金義泰の柔道人生ときれいに重なっている。

第二次世界大戦の最中、1941年に、金は在日韓国人2世として神戸で生まれた。45年の敗戦後、日本で占領政策を実施するために設けられたGHQは、占領政策の一環として柔道を含むあらゆる「武道」を禁止。

当時は国策に基づいて武道の再編・統合がなされた大日本武徳会が日本の柔道を統括する全国組織であり、武徳会が主催する柔道の全国大会が最も権威あるものとして高く評価されていたが、GHQの指導により解散を余儀なくされてしまった。そんな折、〝柔道は「武道」ではなく「スポーツ」である〟、そう唱えて柔道の壊滅を防ぎ、学校教育として普及させたのが、嘉納治五郎を長とする講道館であり、これを機にただの町道場でしかなかった講道館が現在まで日本柔道界の頂点に立つこととなった。

以上が、戦後柔道の〝定説〟となっている。だが金曰く、その裏にはこんな実態があったそうだ。

「大日本武徳会には、膨大な資産がありました。戦後、高級軍人と特別高等警察の天下り先にされたらかなわん、そう思ってGHQは武徳会を廃止にしたんです。当時の柔道家ならみんな知っている事実で、講道館はあくまで町道場だから生き残ることができたんですね」

「武道」の廃止は建前でしかなかったということだが、裏を返せばこれはいかに戦中の「武道」が軍部と密接につながっていたかの証明であろう。これに関しては「GHQの大日本武徳会認識」（坂上康博）など、数多くの文献が指摘している。しかし皮肉なことに、このGHQの行動が、柔道の国際化を推し進める一因となった。

「日本で柔道を教えることができなくなった、武徳会系の柔道家たちが海外へ引っ越して、向こうで柔道を教えるようになりました。大学で同じ道場で稽古したオランダのアントン・ヘーシンク、ドイツのヴォルフガング・ホフマンが柔道を始めたのは、そういう理由です。だから彼らは日本語もできました」

64年東京五輪で、日本の金メダル独占が至上命題であったにもかかわらず、無差別級でヘーシンクが決勝で神永昭夫を降した背景には、こんな事情があったのである。

ヘーシンクの故郷ユトレヒトで、彼を見出した人物は道上伯《みちがみはく》。金の証言の通り、武徳会で柔道を学び、その後フランスへ移住し欧州各地で柔道の指導を続けた人物である。

そして金自身は、小学生の時に自然な流れで柔道と出会った。

「当時、やっと禁止が解けて、中学校に柔道部ができ始めた頃で。戦後はね、焼け跡ばっかりだったから小学校の校庭に畳を敷いて柔道大会をやっとったんです。そこで中学生の柔道大会を見て、中学で柔道をやろうと思ったんです」

中学入学時は補欠だったが、3年生の時にはレギュラーのポジションを獲得。高校は神港学園高等学校へ進学し、全国大会への出場は叶わなかったものの、高校卒業時には柔道家・金義泰の名前は全国まで轟いていた。

多くの大学からスカウトも来たそうだが、金が選んだのは当時柔道部創部間もない天理大学であった。当時、天理大学柔道部の師範を務めていたのは松本安市《やすいち》。第一回柔道全日本選手権優勝者であり、講道館8段を有し、64年東京五輪柔道日本代表監督を務めた人物である。

「当時の天理教の真柱《しんばしら》（天理教を統括する人のこと）さんだった中山正善《しょうぜん》さんが柔道家だったので、天理大学は柔道に力を入れていました。そこで松本先生を助教授として招いたんですが、松本先生は医専（当時の医師養成学校の一つ）で勉強された方ですから、稽古はものすごい論理的で、濃密でした。
2時間で終わるんですけど、天理の道場は松本先生の希望で560畳あったんです。普通の道場なら50畳ですよ。だから休むことなく効率よく柔道部員全員が稽古できました。松本先生のすごいところは、柔道部発足4年で全国優勝させた上に、〝ウチはこういう稽古してます〟ってやり方を外に全部見せたんです。心の広い人だったんですよ」

柔道という競技は、根性論の代表格のように思われがちだ。しかし、東京五輪以前の段階で、医学的根拠に裏打ちされたトレーニング方法で鍛えられた柔道家たちが、日本を席巻していたのだ。そして、松本安市の柔道に惹かれたのは日本人だけではなかった。オランダからヘーシンクが、ドイツからホフマンが天理大学柔道部の門を叩きにやってきたのもこの頃である。また、後の72年ミュンヘン五輪柔道金メダリスト、ウィレム・ルスカもオランダから来日し、出稽古で松本の指導を受けている。

「ヘーシンクは、最初に道場に来た時、松本先生にパッと寝技で抑えられて子ども扱いされたみたいですね。戦後柔道界で、過去に誰が一番強かったか？ 稽古量で見ると木村政彦※先生が一番、その次はヘーシンクじゃないですかね。ただ、そのヘーシンクも、松本先生には稽古で一回も勝てなかったんじゃないですかね。じゃなかったら、あのヘーシンクが言うこと聞きませんよ」

歴代選手の中で誰が一番強かったか？ 柔道だけでなく、どんな競技でも交わされる議論であるが、松本安市は〝柔道界最強〟と謳《うた》われる木村政彦に最も近い存在だったのかもしれない。惜しむべくは、松本安市の選手としての全盛期と、第二次世界大戦の時期がそっくり被っていたことであろう。もちろん戦時中は国内大会優勝が柔道世界一を意味していた時代であり、松本は多くの国内大会で優勝を飾っているが、もし当時国際大会が行われていたら、松本はどれだけの成績を収めていたのであろうか。

そして松本安市の下でメキメキと実力をつけた金義泰は、1年生からレギュラーとして試合に出場。61年9月に講道館本部で行われた在日の予選会を勝ち抜き、その直後に世界選手権代表を決める全国大会出場のため韓国へ。同年5月、韓国では朴正熙《バクチョンヒ》少将による軍事クーデターが起こっているが、この時が金義泰にとって初の祖国訪問であった。

「初めての祖国は、震えがくるくらい感動しましたね。ただ、革命は起こるべくして起こったと思いました。貧しい国でした。ソウルは焼けているところも多くて。ところが両親の故郷である釜山に行ったら、まったく日本です。全然焼けてない。私はまだ韓国語ができなかったから、警察官に日本語で道を聞いたら、彼らもまだ日本語の方がしゃべりやすいんですね、日本語で答えてくれました。親戚の人には怒られましたけどね、〝今度来る時は韓国語覚えてこい〟って」

韓国大会では、在日柔道家が上位を独占。3位に入った金義泰も、韓国代表として同年12月にパリで開催された第3回世界選手権に挑むことになった。これが、無差別階級のみで開催された最後の国際大会となる。そしてこの大会で優勝を果たしたのが、オランダのヘーシンクであった。

日本は初めて王座を外国人に明け渡し、柔道国際化の足音は東京五輪に向けて確実に大きくなっていた。金義泰は本来中量級の体格ながら、この大会で4位に入賞。古賀武との3位決定戦は、地元夕刊紙『フランス・ソワール』に〈これだけでも、世界選手権を開催した意義があった〉と評されるほどの名試合であったという。東京五輪金メダル独占が義務付けられていた日本柔道界にとって、脅威となるのはヘーシンク、そして金であることに疑いの余地はなかった。

64年3月、東京五輪の年に金は天理大学を卒業。東京五輪柔道日本代表監督に就いていた松本安市はほとんど大学にいなかったが、10月の東京五輪まで母校天理大学が道場を開放してくれることとなり、稽古場所・稽古相手には困らなかった。問題は、お金であった。

「卒業した後実家に戻った時にね、親父が〝お前金あるのか?〟って聞くから、ありません、って答えたら〝持ってけ〟って10万円くれたんです。当時、初任給が1万3000円の時代ですよ、よくあれだけのお金をくれたと思います」

父親の手助けもあり、金は64年6月ソウルで行われた選考会で優勝、東京五輪韓国代表として柔道中量級に出場することになった。東京五輪本番、金義泰は一回戦14秒、二回戦19秒、準々決勝1分30秒で他を圧倒する柔道で勝ち上がり、準決勝で終生のライバル岡野功との対戦が決定。当時の新聞の戦前予想でも、ここが中量級の〝山場〟と見られていたようだ。

〈中量級は日本にとっては比較的安心して優勝のねらえる級だ。それほど岡野には信頼感がおかれている。どの級にもソ連はスタミナと闘志を燃やし日本に当然食下がるであろうが、この中量級ばかりは人材不足で参加させてないくらいだ。岡野の力は今年二月のモスクワ親善大会の優勝の実力から見ても、昨秋の東京国際親善大会での動きから見ても、まず優勝のトップをいくものと見てよい。

岡野に続く相手を選べばまず韓国の金義泰、ドイツのホフマンの両選手だ。

韓国の金は天理大出身。ずっと日本で育ち天理大で鍛えられた選手で日本選手のくせも飲み込んでいる。八月、足首をいためていたが、すっかり回復して元気だ。練習量も〝日本の選手と同じぐらいです〟といっているが、日本選手が八、九月天理大で合宿していた時、天理のOBで参加していたのだから日本選手の手のうちは十分知りつくしている。

昨秋東京国際スポーツ大会の決勝で岡野と初顔合わせをし、岡野の左から背負に一本きめられて敗退しているが、今度は岡野の左右の背負にどう出るか注目される。金の体落とし、つりこみも決して油断ならぬ攻め手である〉（昭和39年10月21日付・朝日新聞）

そして迎えた岡野功との一戦は、金の判定負け。この試合の評は、日韓双方の新聞で表現が異なっている。公平を期して、ここに両方を引用しておく。

〈中量級は岡野絶対ということだったが、これほど圧倒的に勝てると思わなかった。岡野は、まるで相手の抵抗など眼中にないようで、みずからのペースで試合を進め、

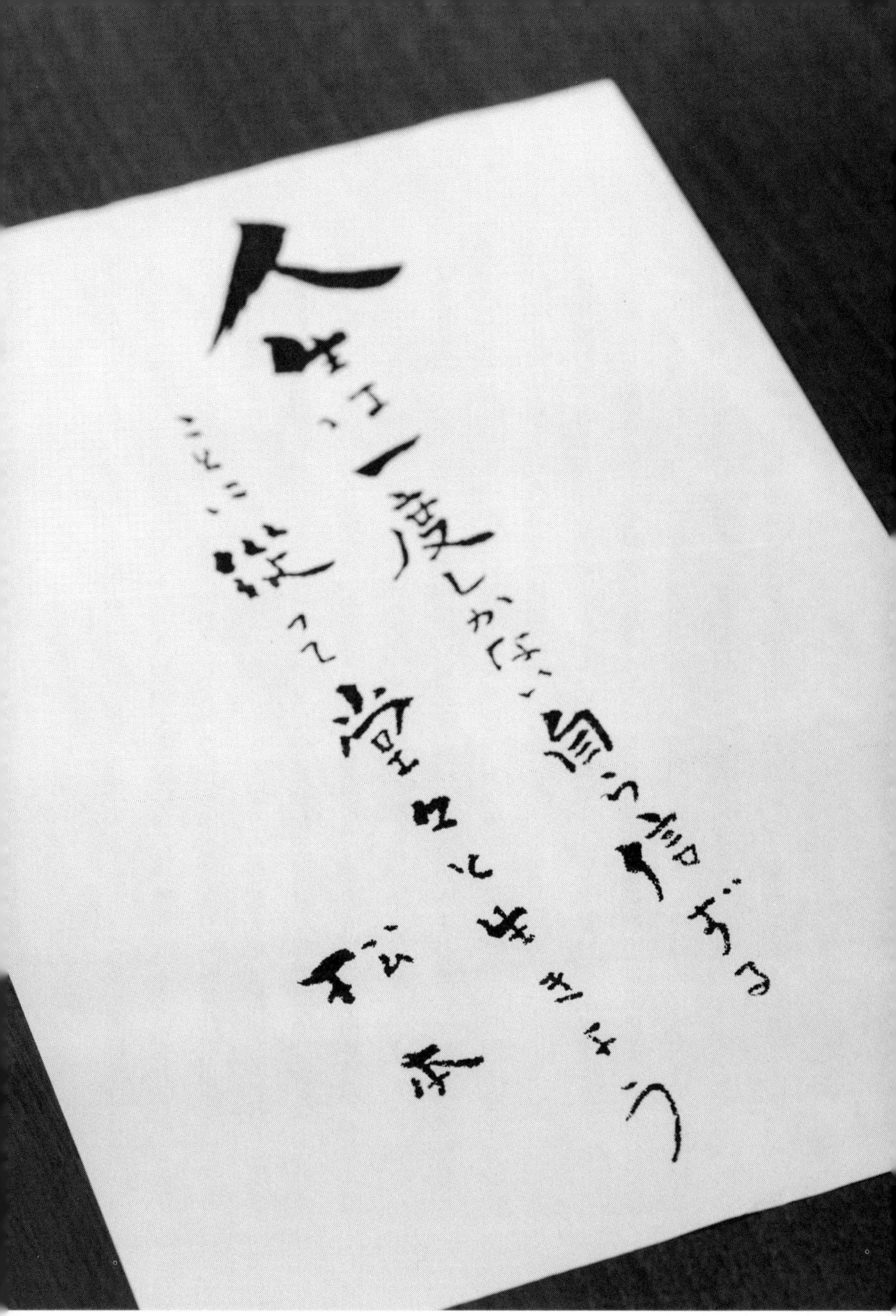

師匠である松本安市の教えは、今も金義泰の人生の支柱となっている。

何の苦もなく勝ち進んだ。（中略）準決勝、韓国の金に対しても、岡野ははじめから攻めまくり、3分過ぎ、右小内刈りついでその直後左小内刈りと、いずれもわざあり近くきまり前半でポイントを決めてしまった。しかし、なおも岡野は攻めまくり、あくまでも一本をとる気構え。さすがの金もすっかり自信を失い、左体落としを2度ほどと、終了間際にやっとお家芸の左内またを見せたが、軽く岡野にいなされ、岡野の気力あふれる積極的な攻撃に、金はすっかりちぢんで、半分も実力を出せなかった〉（昭和39年10月22日付・読売新聞）

〈金義泰選手は予選リーグで中国の黄選手とベトナムのネーバ選手をわずか10秒あまりでそれぞれ「一本」で退けた。準々決勝でもブラジルのシロジャワ選手を1分33秒に「一本」で勝ち、余裕で準決勝に進出した。

準決勝における日本の岡野功選手との対戦は事実上、中量級の金メダル争いとして最初から息詰まるような熱戦が繰りひろげられた。金義泰選手は最後の1、2分で特技である「大外刈り」で猛攻撃するも日本の岡野がうまく場外へ逃げ、技を仕掛ける機会のないまま惜しくも負けてしまった。

競技終了後、金選手は周りから慰めを受けながら「最善を尽くしたがこのような結

果しか残せなくて申し訳ない」「今後とも精進しなければならない」と決意を表した〉（昭和39年10月22日付・朝鮮日報）

このように、日本の報道を見る限り、岡野の圧勝に終わっている。一方、韓国の報道では、岡野が上手ではあるものの金も隙を見て仕掛けていったように見える。どちらが正しいのか。これに関しては、岡野本人が自身の著書で以下のように東京五輪を振り返っている。岡野は当時、負傷を抱えながら五輪に出場していた。

〈東京オリンピックでは試合中に捻ったりしたら元も子もないわけですから。慎重に慎重に、全部寝技で勝負したんです。（中略）だから天理大の金（義泰・韓国）さんとの試合なんかはもう一つ積極的に出られなかった。金さんとは計三回試合をしているんだけどこの時だけはちょっと違ったね。（中略）「中量は金メダル間違いなし」なんて言われていましたけど、実際にはそれほど差はないわけですよ。プレオリンピックでも中量級で日本から六人も出て、その中で金さんが決勝に出てきて、ホフマン（当時西ドイツ）も上位に勝ち上がるわけですから〉（岡野功『バイタル柔道寝技編』日貿出版社）

付け加えるなら、岡野が金メダルを獲得したホフマンとの決勝は1分36秒で決着しているが、金との試合は試合時間15分を使い切った上での判定だった。岡野自身の証言とも照らし合わせると、それだけ岡野が金との試合を用心して戦った証であり、相当の接戦であったと考える方が自然であろう。少なくとも〈何の苦もなく勝ち進んだ〉ということはありえないと思う。メディアの極端な自国贔屓《びいき》が、今に始まったわけではないことがよくわかる。

一方の金は、東京五輪を以下のように振り返っている。

「岡野とは、生涯全敗。彼は右よし、左よし、立ってよし、寝てよし、そして試合運びが抜群に上手かった。私が一番試合したんじゃないですか？ 彼と試合ができただけでも幸せと思っとります。五輪っていうのはなんせ孤独ですよ。次に重圧。そして、安堵。岡野に負けて流した涙は、悔し涙じゃない、終わってホッとして流れたんです」

3位決定戦がなかったため、金は米国のジェームズ・ブレグマンとともに銅メダルを獲得。同年12月、それを祝して、金と両親は当時の朴正熙大統領から韓国に招かれている。

「親父は釜山から出てから初めての帰国でしたから、喜んでましたね。東京五輪以前、李承晩政権が『在日は日本人だ』という方針だったので、その影響が残っていて在日への風当たりは強かったんです。だけど朴正熙大統領に『3位ですいませんでした』と日本語で伝えたら『2位も3位も紙一重だ、気にすることはない。美味いものを腹いっぱい食べて帰りなさい』そう日本語で返してくれました」

東京五輪の後、金は松本安市の計らいもあり天理大学に指導者として残ることに。そして韓国では66年にナショナルトレーニングセンターが建設され、金は度々柔道を指導するために母国を訪れた。

毎年ルールが変わる柔道のこれから

柔道はメキシコシティ五輪では競技人口不足を理由に不採用だったが、72年ミュンヘン大会で正式種目として復帰。金も再び韓国代表として出場したが、競技者としての絶頂期が過ぎていたこともあり、二回戦敗退に終わっている。

「韓国が勘違いしてたんですよ。私らの頃は、一線を退いても稽古を続けるのは当たり前。だから〝金義泰はまだいけるんじゃないか？〟と思ってしまったんでしょうね。今思うと、64年大会でヘーシンクが優勝しておいてよかったんですよ。もし日本がメダルを独占していたら、五輪種目として復帰していなかったかもしれない」

東京五輪での日本の敗退が、柔道国際化の一因だったのではないか？　皮肉なものだが、的を射た仮説であろう。

金はミュンヘン大会終了後、韓国代表監督に就任。指導者として76年モントリオール大会に挑み、韓国は銀メダル1個、銅メダル2個を獲得した。母国からの要請に対し、金は見事に結果で応えたのである。

しかし、この時期に金が未だに許せないルールが追加された。「注意」1回、「指導」2回が「有効」に相当する、コーションポイントの導入である。「注意」「指導」の適用例はその数も多く、内容も非常に複雑なのだが、金曰くこれによって柔道は決定的に変質したという。

「手数を出せばいい、という風に柔道が変わってしまいました。指導者も、そういう風に教えるようになってしまった。私が柔道を始めた頃の、機をうかがう睨み合いは、これで完全になくなってしまいました。私はね、柔道が国際化したことはよかったと思う、そのために階級を設けたこともよかった。ただ、柔道の質を維持するために（国際社会と）英語で交渉する人材が、64年以降の日本柔道界にはいなかったんじゃないかと思うんです」

この金の指摘は、柔道だけでなく他種目にも当てはめることができる。例えばプロ野球では、メジャー移籍に関してポスティング（入札）制度の上限額が2000万ドルと定められているが、これはメジャー側が一方的に決めた額であり、プロ野球球団はせっかく育てた選手を安値で買い叩かれるだけになっているのが現状である。

上限額が設定される以前、ダルビッシュ有は5700万ドルで日本ハムファイターズからメジャー入りしている。同じく日本ハムは大谷翔平を高値で売りたかったからか、度々この上限額撤廃を訴えているが、改善の傾向は一向に見られない。結局、大谷翔平も2000万ドルという破格の値段でMLBへ移籍、現在の活躍は改めて記すまでもない。

ソフトが国際化したものの、それを国際社会の中でしっかり管理できる人材がいないため、海外の強者たちに〝いいよう〟にされてしまう。スポーツだけでなく、日本が国際舞台に躍り出ようとするあらゆる場面で、いかにも〝ありそう〟な話である。

そして現在に至るまで、柔道は毎年のように激しいルール改正を繰り返している。柔道はいかに相手に「指導」を取らせるかの競技、そう揶揄《やゆ》する声も決して小さくはない。そんな柔道界の中で、金義泰は自分の果たすべき役割を明確に定めている。

「格闘技は〝原点〟が一番強いと思うんです。これを〝危険が伴うから〟と言って制限を設けたりすると、どんどん弱くなっていく。私はそういう感覚で柔道に取り組んでいます。

2020年大会に出場する選手には、64年以前の技を研究し直させてもいいんじゃないかと思うんです。以前、高校生の練習に3カ月ほど柔術を取り入れたことがあるんです。関節技を使えということではなく、昔の柔道の要素を学んで、使えるところは取り入れてほしかった。そしたらあれよあれよという間に大会を勝ち進むようになった。そういうことを若い選手に伝えることが、指導者としての務めだと思うんです」

金の柔道への想いは熱く、と同時にどこか冷静で、良い意味で競技を突き放して客観視できている。日本に生まれ柔道の〝原点〟を学びながら、〝外国人〟として柔道と関わらざるをえなかった、金義泰だからこそとれているスタンスなのかもしれない。

世界選手権男子66キロ級に出場し、2020年東京五輪でも活躍が期待されている阿部一二三、そして大野将平は、それぞれ神港学園と天理大学の出身。どちらも金義泰の教えを受け継いだ柔道家である。もしも現在の日本柔道界に、国際会議の中でしっかり意見を出し、通せる人材もいると仮定しよう。2020年東京五輪は、国際化した「JUDO」を「原点」に引き戻す、これ以上ないチャンスではないだろうか。

翻訳協力：藤本ひかる

[参考文献]
岡野功『バイタル柔道　寝技編』(日貿出版社)
大島裕史『魂の相克 在日スポーツ英雄列伝』(講談社)
増田俊也『木村政彦はなぜ力道山を殺さなかったのか』(新潮社)

[注釈]
※**木村政彦**……1917年生まれ。柔道家・プロレスラーとして活躍。柔道全日本選手権13年連続保持という驚異的な記録を残しており、現在も史上最強の柔道家は木村であると言われている。

Story 5

高山将孝

Masataka Takayama

プロで日本王座も獲ったボクシング選手

私がプロに入る時は、アマに挨拶したりとか、そういうことはありませんでしたけどね。

たかやま・まさたか

［ボクシング］フェザー級二回戦敗退

1947年10月30日生まれ。中国上海市出身。小学生からボクシングを始め、早稲田大学在籍時に日本代表としてフェザー級で64年東京五輪に出場。大学卒業後は大学の先輩であるピストン堀口が湘南に開いたピストン堀口道場に入門し、プロボクシングの道へ。プロではライト級を主戦場に日本王座を獲得し、敗れはしたがロベルト・デュランの世界王座にも挑戦した。75年の現役引退後、その技巧を買われアニメ『あしたのジョー2』の技術アドバイザーを務めた。

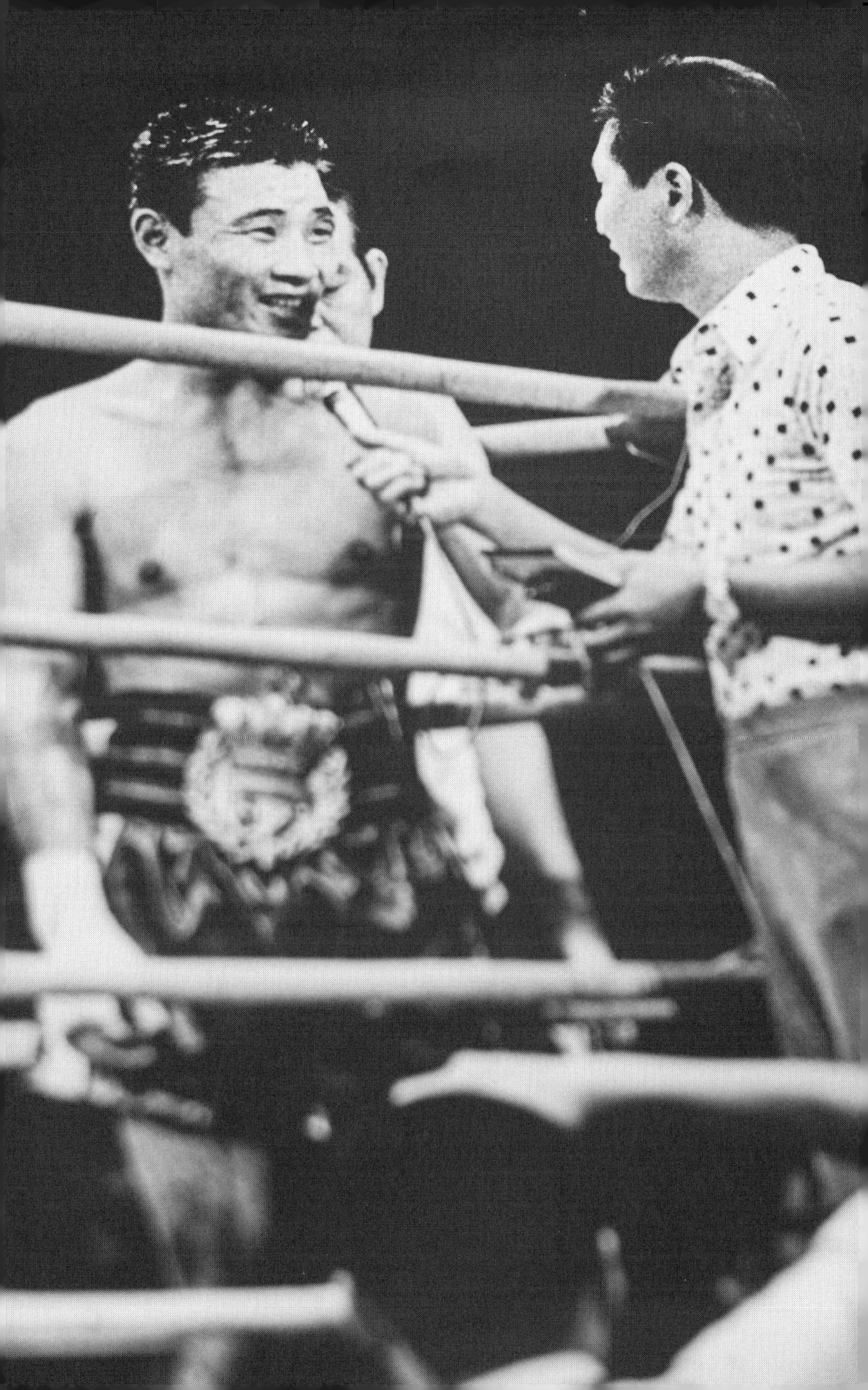

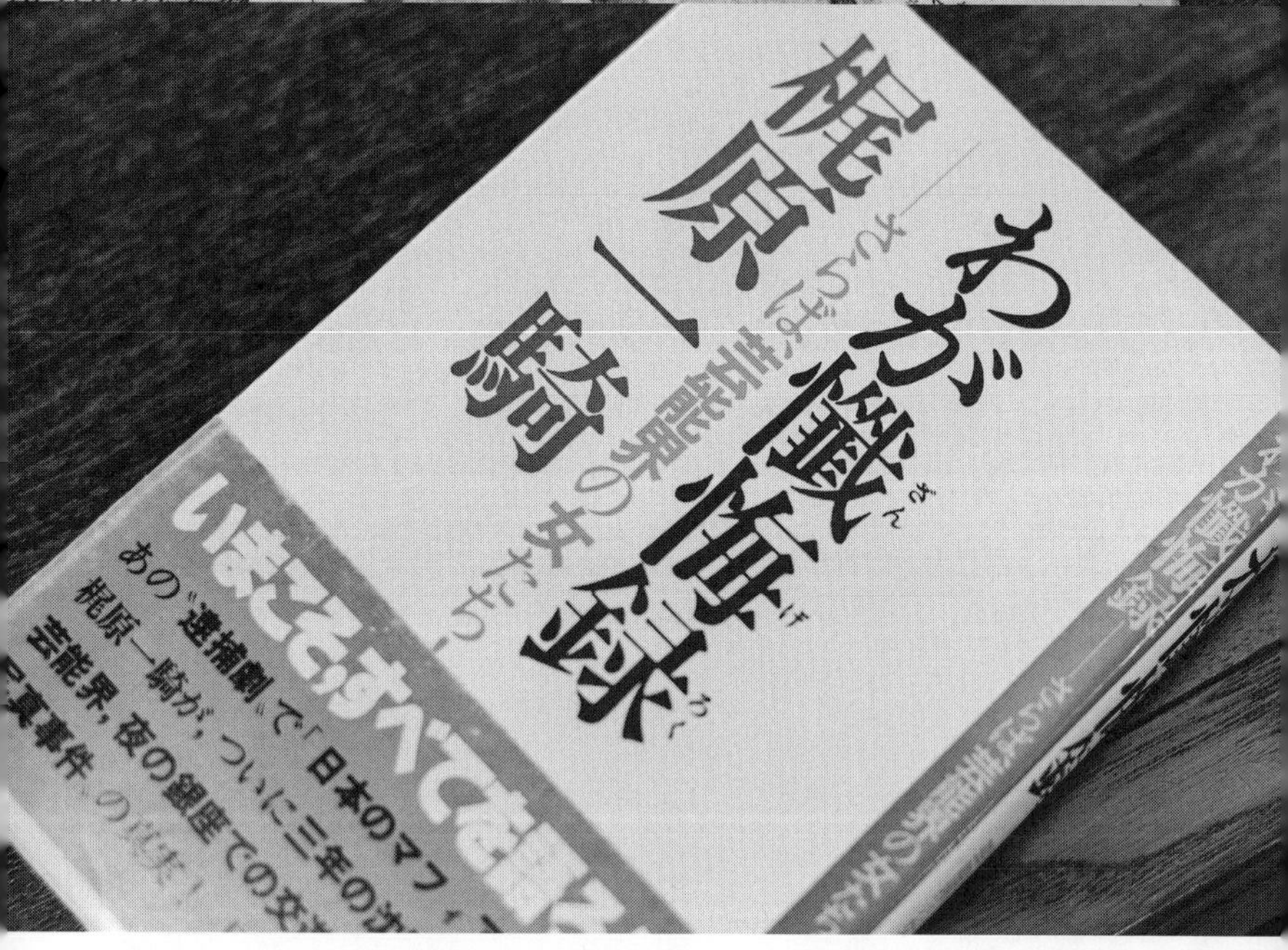

上：プロ転向後、高山は海外を転戦し意図的にファイトスタイルを変えた。
下：高山によると、梶原一騎の著作は“盛ってある”ことが多いそうだ。

村田諒太を私物化する「ボクシング連盟のドン」。

そんな物騒なタイトルの記事が、『週刊文春』２０１７年8月10日号に掲載された。日本ボクシング連盟・山根明会長の秘書を務めた澤谷廣典氏による告発記事だ。

〈日本のアマチュアボクシング界は、不祥事の隠蔽、審判や選手などへの暴言、連盟内の女性トラブルが起きるなど、惨憺たる状況が続いています〉

そんな談話から始まる記事の中では、ロンドン五輪金メダリスト・ＷＢＡ世界ミドル級王者の村田諒太らを引き合いに出し、日本のボクシング界に潜在してきた「プロ」と「アマ」の壁にも言及している。

〈村田に、プロ転向の話が持ち上がったのが一二年頃のことだ。ここでも山根会長は、村田の前に立ちはだかったという。

「山根氏は、村田のプロ入りに強固に反対。日本連盟がお金をかけて育てあげた選手だから、プロには渡さないというのです。（中略）今年六月、東京五輪出場を目指すため、元プロの高山勝成が、アマチュア登録を申請したものの、連盟は受理しなかった〉

実力があれば、本来は「プロ」も「アマ」も関係なく出場させるべきである。だが、この種の問題は何もボクシングに限った話ではない、例えば同じく「プロ」「アマ」の両方が存在する野球は、段階的に雪解けが進んでいるものの、依然「プロ・アマ規定」が存在し、特別な許可がなければプロが母校で後輩に指導を行うことも原則禁止されている。

アマチュアボクシングに関する騒動は、これで収束しなかった。翌18年7月27日、新潟県ボクシング連盟理事長を務める鶴木良夫が発起人の日本ボクシングを再興する会が、日本オリンピック委員会をはじめとする各関係機関に、日本ボクシング連盟が抱える問題点を指摘した告発状を一斉送付。

その内容は助成金の不正使用や、審判による採点の操作など多岐に及んだ。それを受けた記者会見での山根明会長のユニークな風貌や言動も手伝って、大手メディアの注目は一気にこの騒動に集まり、責任を取る形で山根明会長は職を辞し、一応の落着となった。

大学生を打ち負かした期待の高校生

この一連の動きを通して、それまではあまり一般には知られてこなかったボクシングの「プロ」と「アマ」の違い、そしてそこに「利権」が存在していることが世に広く知れ渡ることとなってしまった。

とはいえ、ここまで騒動が表に出てしまうことも珍しい。東京五輪を目前に控え、一致団結しなければいけない時期に、である。

「私がプロに入る時は、アマ（の連盟）に挨拶したりとか、そういうことはありませんでしたけどねえ」

そう話すのは、ボクシングフェザー級で東京五輪に出場した高山将孝。彼は東京五輪後にプロへ転向し、世界タイトルマッチも経験、あの〝石の拳《こぶし》〟ロベルト・デュランと拳を交えた。声と身体を震わせながら話す、好々爺《こうこうや》然とした風貌からは、幾多の戦いを経たボクサーとしての面影は感じられない。しかし、よく見れば拳は歪んでおり、本人も認める通りダメージの影響で人の名前がなかなか出てこない。ボクシングという過酷な競技は、確実に高山の身体を蝕んでいた。

実は64年東京五輪の直後、ボクシングにおける最初の「プロアマ問題」が勃発している。バンタム級で金メダルを獲得した桜井孝雄が、五輪大会後にプロ転向を表明、アマの世界から「裏切り者」のレッテルを貼られ追放された桜井は晩年のインタビューでも〈プロとアマがねえ。もっと関係が良くならないと〉（11年10月18日付・日刊スポーツ）という発言を残している。

その後、48年もの間、日本がボクシングでメダルを獲得することはなかった。高山は同じ日本代表として、桜井孝雄の金メダル獲得、そしてその後の騒動をどう見ていたのだろうか。

「生まれは上海なんです。向こうで父親が自動車関係の仕事をしてて、母親は中国人だったんですけど、戦争が終わって『日本人は帰れ』って言われて。母を中国に残して、父と姉と3人で日本に戻ってきてからは目黒に住んでいました。中国の記憶は全然ないですね、まだ小さい頃でしたから」

高山がボクシングを始めたのは小学5年生の時、当時目黒にあった野口ジム（現在は足立区に移転）が主催していたボクシング興行「ベビーボクシング」に参加したことがキッカケだった。小・中学生が選手として参加するベビーボクシングは多くの王者を輩出したことで知られており、西城正三（WBA第18代世界フェザー級王者）やイーグル佐藤（第5代日本スーパーライト級王者）らも幼い頃から高山とともに研鑽を重ねた。

「当時はアメリカの兵隊さんの子どもたちを相手に野口ジムがボクシングを教えていて、近所だったから私も行くようになったんです。その子どもたちを4つくらいの階級に分けて、新橋や日比谷公園でサラリーマン相手に試合をやってました。結構（客が）入りましたよ、2000人くらいいたんじゃないかな。西城や佐藤は年齢も同じくらいだったんですけど、階級は結構バラけていたんで、私も王者になりましたよ。子どもながらに『あいつには負けられない』っていうのがありましたね、他にもプロボクサーになったやつは多かったですよ」

その後高山は、当時の高校ボクシングの名門中央商高（現・中央学院大学中央高等学校）に進み、ボクシング部に入部。部活が終わったら野口ジムでプロを相手に練習、というハードな高校生活を送り、高校3年生の時に東京国際スポーツ大会で中村政美（福岡大）を降し、翌年に控えた東京五輪代表の座を掴んだ。

中央商高卒業後は同じくボクシングの名門だった早稲田大学に進学し、大学1年生で東京五輪に出場した。

「当時の大学生は弱かったんですよ、だから高校生でも五輪代表になれたんです」

高山自身はそう謙遜するが、東京五輪本番ではフェザー級一回戦で北ローデシア（アフリカ南部に位置した旧イギリス保護領。1964年10月24日にイギリス連邦内ザンビア共和国として独立）のマクラフリンに判定勝ちした際の新聞各紙の報道を見ると、高山だけが写真付きで報道されているものもあり、彼には世間から一定以上の期待がかけられていたことがわかる。

〈フェザー級高山（早大）はマクラフリン（北ローデシア）に左で先制し、右のストレートを打ち込んで5－0で判定勝ち。（中略）高山が安定したファイトぶりをみせ、マクラフリンに文句のない判定勝ちした。一回、マクラフリンが放った右ストレートの連打などにたいして、終始冷静に自分のペースを守ったことはよかった。高山は二回戦でグトマン（ポーランド）と顔を合わせるが、グトマンの荒っぽいスイングを警戒しなければならない〉（64年10月14日付・読売新聞）

〈フェザー級の高山も北ローデシアのマクラフリンを一方的に打ちまくって判定勝ちした〉（64年10月14日付・朝日新聞）

だが、こうした高山を絶賛する報道とは裏腹に、高山本人はほぼ初めての外国人相手の戦いにやりづらさを感じていた。

「(外国人ボクサーは)俺よりもっと強いんじゃないか？もっとうまいんじゃないか？そういうのが消えなかった。ベビーボクシングで子どもたち相手にはやってましたけど、大人と子どもじゃ違いますよ」

この外国人への苦手意識と、高山は選手生涯を通して付き合うことになる。そしてその懸念は東京五輪二回戦で現実のものとなった。一回戦の快勝が嘘のようにＲＳＣ(レフェリーストップ、プロのＴＫＯに相当)負けを喫したのである。

〈上位進出の望みをかけて出場したフェザー級高山将孝選手、(中略)善戦むなしく敗れた。ポーランドのグートマンと対戦した高山は二回まではほぼ互角に試合を進めながら、三回56秒、バッティングで左まぶたを切って無念にもＲＳＣ負け。(中略)サウスポースタイルで細かくショートブローを連打して攻めるグートマンを、高山は右ストレートでカウンターをねらったが、左のリードパンチもなく手数に欠けて、ややねらいすぎ。二回目ジャブを連打して高山は迫ったが、まだ堅さがほぐれず、細かく攻めるグートマンのペース。相手の直線的に攻める攻撃を横にさばいてフックを打つこともできず、苦戦が続き、持てる力も出し切れぬうちに左目上を切り、ＲＳＣで敗退した〉(64年10月18日付・毎日新聞)

高山以外の日本人選手も、続々と二回戦や三回戦で敗れていった。そんな中、バンタム級で出場していた中央大学の桜井孝雄がするすると勝ち進み、ついには金メダルを獲得するが、実は桜井は大会前にはまったく期待されていなかったそうだ。

「みんなで大笑いしましたよ、『おい、(代表の中で)一番ダメなやつが金メダルだよ！　俺らも遊ばなきゃダメだよ！』って言い合ったんですから。彼は遊び人でしたねえ、でも良い男でしたよ、後輩に『先輩の言うこと聞け！』って言うような人間ではないし。練習でも、他人のことはどうでもいい、自分がこうやるんだと決めたことをやっていた人でした。メンタルが外国人みたいで、そういう人だから金メダルが取れたんでしょうね。私はプロになってから気づいて、ハワイやロサンゼルスで試合をしてようやく克服できましたから」

実際、桜井孝雄は〈五輪本番を前に再三の海外遠征で経験を重ねた〉(『BOXING BEAT』2012年3月号)という記録が残っている。もちろん資金の問題もあるが、外国人相手に国際舞台で勝とうと思ったら、ある程度の海外遠征はあるに越したことはないということだろう。大きなホームアドバンテージがあるはずの自国開催で敗れた高山の言葉だけに、一層真実味を帯びている。

高山の拳には、歴戦の跡が残っている。

プロ転向で『あしたのジョー2』の監修まで！

東京五輪の後、奇しくも高山と桜井は同じ道を歩むことになる。互いに大学卒業を機に、プロ入りを表明した。だが、その過程は非常に対照的であった。

本人の証言通り、特にアマとの大きな軋轢《あつれき》もなくプロへ転向した高山。一方桜井は、複数のジムの争奪戦の末、500万円とも噂される移籍金で三迫《みさこ》ジムからプロデビューが決定。その後、桜井のプロ転向にアマ側が激怒したことは先述の通りである。プロへ転向しても騒動が起きなかった高山には、この桜井のプロ入りまでの騒動が、今でも釈然としないようであった。

「早大を卒業したら、大学の先輩であるピストン堀口さんのジムでプロデビューすることが決まってましたけど、私は何にも言われなかったですよ。（最初に入門した）野口ジムには、頭を下げに行きましたけど。桜井はなんであんなに揉めちゃったんだろうなあ。彼はコレ（しゃべり）がね、言いたいことは言っちゃう人でしたから。それで何かあったのかもわからない」

実は桜井は、中央大学職員として内定が決まっていたため、大学側が激昂。部からの除名と文化章の取り消しという重い処分を課し、この大学の決定を連盟側が支持した、という経緯があった。桜井の言う通り、ボクシングでプロとアマの風通しを良くすれば、もっと共同練習や交流戦の機会も設けられるし、レベルの高い競い合いができる。プロボクシングで世界王者が多数誕生していることを考えれば、日本はもっと五輪でメダルを取れた可能性は拭えないだろう。しかし高山の話を聞く限り、もしかしたらそのキッカケは、金メダルという輝かしすぎる経歴を持った桜井孝雄自身が、東京五輪が招いてしまったものだったのかもしれない……。

プロ入り後の高山のキャリアは、順調そのものであった。1968年3月にプロデビュー後、70年1月に日本ライト級王座獲得。わずか2年弱、9戦目での日本王座獲得は現在でもかなり早い方である。2度目の日本王座防衛戦、鈴木石松（後のガッツ石松）とのタイトル戦を引き分けで防衛した後、高山はトレーナー兼プロモーターであったテッド河村の仲介もあり、拠点をハワイに移す。長年の課題であった外国人選手への苦手意識を払拭するため、そしてプロとして客を呼べるスタイルへの転向のためである。

「日本タイトルは早く獲りましたけどね、楽な試合なんか一つもなかったですよ。このままじゃダメだと思ったんです、どこの国に行っても全力を出せるようにならないといけない。それで妻を日本に置いて、ホノルルを拠点にして、アメリカで戦い方を教えてもらったんです」

高山は続ける。

「この間、村田諒太が世界戦（２０１７年5月20日に開催されたＷＢＡ世界ミドル級王座決定戦vsアッサン・エンダム第一戦）で判定負けしたでしょう？ あれもね、村田にもっとアメリカで試合をさせないといけない。テレビで見てましたけど、いくらなんでも手数が足りないですよ。アメリカのジャッジは手数が多い方にポイントをつけますから、そういう傾向も海外で試合をしないとわからないですから」

74年12月、ホノルル、ロサンゼルス、東京と転戦を続けていた高山に、ついに世界王座挑戦の機会が訪れる。相手は〝石の拳〟の異名を持つパナマの伝説的ボクサー、ロベルト・デュランであった。コスタリカで行われたこの試合を、高山は笑いながら振り返る。

「1Rで3回倒されてＫＯ負け。もうちょっと頑張ろうと思ったんだけどね、もう向こうの方が断然強かった。もちろん今まで戦った相手の中で一番強かったですよ。スピードはそんなに自分と変わらないんですけど、とにかくパンチが強かった。デュランに負けて、これでおしまいだと思いました。これだけのモノしか持ってなかったんだな、頭がおかしくなっちゃう前にやめようと」

引退後、高山は縁あって梶原一騎の事務所で働くことになった。梶原一騎の著書『わが懺悔録―さらば、芸能界の女たち！―』（こだま出版）に〈秘書の一人である、プロボクシングの元日本ライト級チャンピオンT君〉としてイニシャルであるが度々登場している。この本の中で〈T君が当夜の二人のクルマを運転していた〉という記述があるが、高山本人に確認したところ、運転やハワイでの映画撮影など、付き人のようなことをやっていたそうだ。

「ボディガード、本人はそういう風に考えていたかもわからないね。いろいろやってた人だったから。危ない目にも遭いましたよ」

また、当時スキャンダルの多かった梶原一騎を追いかけた週刊誌にも高山の名前を見ることができる。

〈T（元チャンピオン）と飲んでいたら、店へチンピラが七、八人、ドスを持って入ってきた。Tはさすがにサササと動いて、六、七人をのばしやがった〉（『週刊新潮』

昭和59年10月18日号）

しかし高山は、この記事の内容は強く否定している。

「ないない。そんなことはありませんでしたよ。これは書いておいてください、その報道は嘘ですね」

秘書業務だけでなく、高山は80年10月から放送されたアニメ『あしたのジョー2』で技術監修として名前を連ねている。一体どんな仕事だったのか。

「ジャブやストレートをどう打つかとか、そういうことはよく聞かれましたね。後は、『ボクサーって試合前どんな気持ちになるんだ？』とかね。地震でも来ないかなあ、プロボクサーでもそう思ってますよ、って言ったら、次の『あしたのジョー2』にはもうそれが描かれていて。気持ちの持ち方も、よく話した覚えがあります」

83年5月、梶原一騎は傷害事件で逮捕されているが、高山はそれより前に梶原の事務所を離れている。

「働き始めてすぐ、ここにいたら危ないかもなあと思うようになって。私はその辺の（空気の）読み方はうまいんです。『先生、他にやることがあるから辞めるわ』と言って梶原さんのところは辞めたんです」

その後、高山はワタナベジムでトレーナーとしての活動を始め、ボクシング業界に復帰。そこで知り合った戸塚伸二とともに共同会長としてT＆Tジムを厚木で立ち上げるも、しばらくして自ら会長の座を退いている。

「ボクシング教えようと思ってもね、ちょっと年を取りすぎて、身体も思うように動かなくなってきましたから、『俺もう辞めるわ』って言って。それからは、ボクシングはテレビでやってたら観るくらいですね」

以降、高山は一切ボクシング興行に足を運んでいない。２０２０年東京五輪も、同じく「テレビでやってたら観ます」、現在のプロとアマの軋轢も「もう私にはよくわからないね」と話している。

五輪とは魔物である。その魅力にとりつかれて、人生を捧げてしまう競技者がいる。高山や桜井が出場した64年以降、選手だけでなく、裏方であるはずの連盟、そしてもしかしたらボクシングという競技自体も、五輪に振り回されすぎてしまったのかもしれない。どこまでも冷静に競技との距離を測り続けた高山の姿勢とは、対照的に見えた。

［参考文献］

梶原一騎『わが懺悔録―さらば、芸能界の女たち!―』（こだま出版）

Story 6

大宮政志

Masashi Omiya

五輪出場後、競輪選手になったロードレーサー

64年東京五輪は10月開催でよかったんですよ、涼しくて快適でした。

おおみや・まさし

【自転車】個人ロードレース37位

1938年3月10日生まれ。岩手県岩手郡滝沢村出身。盛岡第一高等学校在学中に自転車競技を始める。高校3年時に、現在のインターハイである第一回全国高等学校自転車道路競走中央大会の個人・団体の部で優勝。日本大学進学後は全日本選手権優勝を収め、60年ローマ・64年東京五輪に連続出場を果たす。65年に競輪に転向し、96年58歳まで現役を続ける。通算勝率は16・1パーセント。引退後は昭和第一学園高等学校自転車競技部のコーチに就任し、若手選手の育成に力を注いだ。

上：大宮は五輪入賞だけでなく、メダル獲得も期待されていた。
下：亀倉雄策デザインによるポスターの数々、今見てもその美しさは出色の出来である。

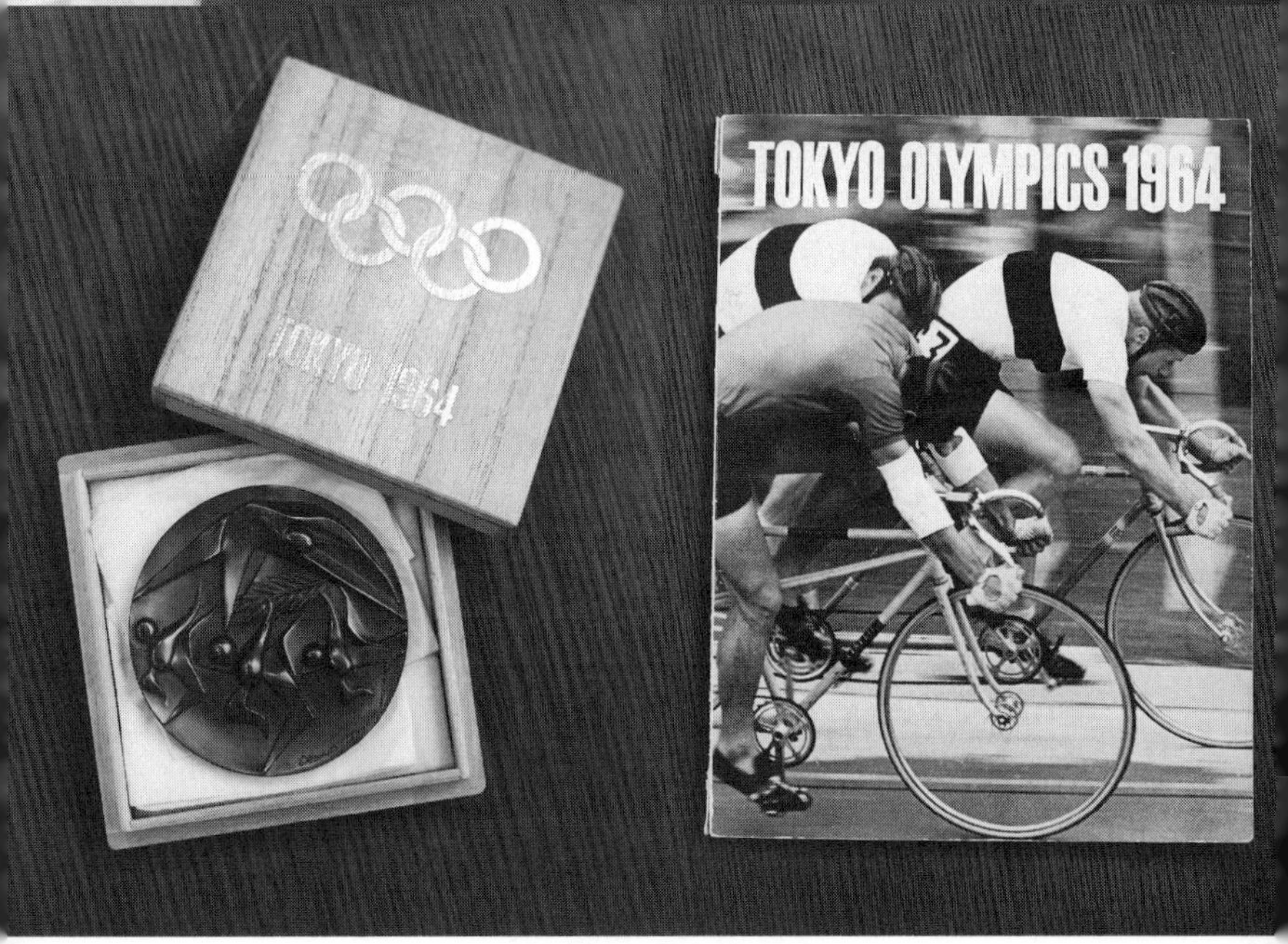

上:東京五輪開会式ブレザー、大宮は箱と共に大切に保管している。
下:東京五輪参加者には記念メダルが配布された。

東京五輪開会式には、昭和天皇の御姿もあった。

２０１７年５月１日、自転車活用推進法が施行された。低公害で健康増進、交通緩和にも有用として、自転車の活用を総合的・計画的に推進するために制定された法律であり、来るべき２０２０年東京五輪を見据えてのものであることは言うまでもない。

自転車産業振興協会の調査によると、日本の自転車保有台数は13年に約７２００万台。人口に対する自転車の普及率は一人あたり０・67台で世界6位。日本と違い自転車専用道路の整備が進んでいるはずの、イギリスやフランスの０・39台を大きく引き離している。東京都内では区が主体となってレンタルサイクル事業も始まっており、こういった施策や数字だけを取り上げれば日本は立派な「自転車先進国」に見える。

だが、ご存知だろうか？ ２０２０年東京五輪の「象徴」とも言うべき、8万人収容の新国立競技場の駐輪場はたったの1カ所、しかもわずか95台しか収容できないことを。これは日本の自転車政策を象徴していると思う、表面上はやっているように見せているのだが、実態が追いついていないのだ。

自分自身、東京都内を自転車で移動していても、近年多発している自転車事故の影響もあってか、車道でも歩道でも肩身の狭さを感じてしまう。都内で僅かに敷かれている自転車専用道路を走る際は、そんな思いもせずに済む。そこでのトラブルはゼロではないが、事故は一般道よりは確実に少ないそうだ。欧州各国のように自転車専用道路の整備をはじめとした、実態を伴った自転車振興を行政には求めたい。せっかく２０２０年東京五輪を口実に進めていくなら尚更だ。

そしてそれは、一般市民だけではなく、本当なら五輪の恩恵を真っ先に受けているはずの競技者にとっても切実な願いになってしまっている。大宮政志は、自転車で駆け抜けた１９６４年以前の東京の風景を懐かしみながら、当時のトレーニングを振り返った。

「日大の自転車部に所属していた頃は、世田谷の合宿所からバンク（角度がついた自転車競技場の走路）がある後楽園まで、みんなで校歌を歌いながら自転車で走って通っていたんです。今じゃあ考えられないでしょうけど……」

大宮は自転車ロードレースで、60年ローマ・64年東京五輪に連続で出場。その後は競輪に転向し、現役引退後は東京都立川市にある昭和第一学園高等学校の自転車部コーチを務めている。大宮が自転車競技を始めたのは高校生の頃、地元岩手県の新聞社主催のロードレースに応募したことがキッカケであった。

「中学までは足が速かったから陸上やバスケ、高校に入ってすぐの時はスケートのレースにも出ていたんですが、ちっとも速くならない。それで高校1年生の時に、知り合いに誘われて岩手日報が主催した水沢〜盛岡間70キロくらいの自転車レースに応募したら、初出場で初優勝したんです。その頃は競技用の自転車ではなく、父親が乗ってた実用車と呼ばれる、いわゆる普通のママチャリを改造してレースに出ていました。

今はきれいに舗装されていますけど、私が高校生の時は街道も砂利ばっかりで砂埃《すなぼこり》もすごくて、雨水も下に浸透しない。乗り方を教えてくれる人もいなかったので、そんな道を我流で走ってトレーニングしていました。おそらく今の高校生に立川から五日市《いつかいち》まで、15キロくらいをママチャリで行け、と言っても行けないいんじゃないですかね」

スケート選手が夏場に自転車でトレーニングを積むことは有名だが、大宮はその逆パターンと言っていいだろう。本人はスケートは速くなかったと謙遜するが、故郷である岩手県滝沢村（現・滝沢市）の豊潤な自然に囲まれた環境が、後のオリンピアン大宮政志を産み出したことは間違いない。余談だが、後年大宮は、アルベールビル冬季五輪スピードスケート１５００メートルで銅メダルを獲得した橋本聖子とともに自転車トレーニングを行っている。

その後も岩手県内の大会で優勝を収め続けた大宮は、高校生ながら岩手県代表として仙台の河北新報が主宰する東北一周ロードレースに選抜された。だがそのコースは、現代では考えられないほど過酷なものであったという。

「真夏に越後湯沢から山形まで、舗装されていないデコボコで砂利ばかりの山道をママチャリで150キロ走ったんですから。ヘルメットじゃなくてハチマキを巻いて、下着もスポーツウェアなんてないから毛糸のパンツでした。

栄養補給も、今みたいにゼリーやバーなんてありませんから、ゆで卵を食べながら走った記憶があります。水筒も一つしか持っていなかった。それで走りきったはずです。県の監督が、私が一番若いから一番長いコースに振り分けたんでしょうけど、どんなコースかよく知らなかったんでしょうね」

大宮は笑いながらそう話すが、自転車ロードレースの世界最高峰、ツール・ド・フランスの山岳コースでさえ全長約180キロで、当然道路は舗装されている。それでも、鍛え抜いた一流のアスリートたちがリタイアすることも珍しくない。コースを決めた人間でさえ、そんなに深く考えずに設定していたのではないか。そう邪推してしまうほど、高校生の大宮には無理難題が課されていたが、大宮は見事このコースを完走。

ロードレーサー大宮政志の名前は県外にも轟き始め、大宮は一番熱心に誘ってくれた日本大学に進学することに決めた。大学進学を機に上京し、ここでようやく真っ当な自転車の指導を受けた大宮は、いよいよその才能を本格的に開花させることになる。

「最初はピスト（トラックレース、短距離レースのこと）もやってたんですけど、やはり自分にはロードの方が向いていると思ったんです。志願してロードに専念することにして、大学1年生の夏にローマ五輪の予選会に出場しました。各大学の強い先輩方が出場してましたけど、ゴール勝負で勝てて。それでローマに行くことができました」

自転車競技開始からたった3年後、大学1年生での五輪出場内定であった。ロードに専念した大宮の選択は正しかったのである。そして幸運なことに、本場欧州への遠征費用も苦労することはなかったそうだ。

「個人負担はした記憶はないですね、外国遠征の時には競輪からの助成金がかなりあったはずです。ただ、自転車は自腹でした。遠征するとお小遣いもパーツ代に消えてしまうので、フレームや練習用のタイヤは国産で、試合の時はイタリア産のタイヤに換える。そうやってやりくりをしていました。

国産フレームは、当時のお金で5~6万円くらいだったでしょうか。でも、武者修行で行ったローマの選手たちは速かった、全然違いました。スイス行ったり、フランス行ったり、欧州の選手が出場する大会にくっついていく感じでした」

金銭的な援助は、もちろん来る64年東京五輪を見据えた上での先行投資の意味合いも濃かったと思う。迎えたローマ五輪では、残念ながらまだ目に見えた成果を挙げるには時間が足りなかった。大宮は車体の故障で途中棄権を余儀なくされている。

〈大宮政志選手は11周目(百六十キロ付近)で先頭選手に抜かれ失格した。なお同選手は8周目で転倒、このさいブレーキをこわしたが、そのままレースをつづけていた〉

(昭和35年8月31日付・毎日新聞)

「新聞では失格と書いてあるみたいですが、車体故障による棄権が正しいです。変速チェンジのワイヤーが抜けちゃったんですよ、これじゃトップの選手に勝てるわけない。向こうの選手は代車もあったんですが、私は1台しか持って行けなかった」

東京五輪の10月開催はドーピングがきっかけだった？

不完全燃焼に終わってしまった大宮のローマ五輪。だが、世間の注目は思わぬ形で自転車競技に集まってしまっていた。１００キロメートルロードレースに出場していたデンマークのクヌート・エネマルク・イエンセン選手が、競技中に突然倒れ、帰らぬ人に。その他にも、熱中症からの体調不良を訴え出る選手が数名現れたことから、猛暑の中で五輪を開催したことに世界中から非難が殺到。当初8月開催を予定していた64年東京五輪も、これを受けて急遽開催時期を10月に変更するきっかけとなった。当時の新聞でも、〈東京開催期、再検討か〉と見出しをつけ、一連の流れを以下のように報じている。

〈二十七日、ローマの気温は日かげでも四二・二度、各国の選手、役員らは今後のオリンピック開催期日は厳しく選ばれ、暑さの問題もより多くの考慮が払われるだろうと観測している。きのう二十六日のロード・レースでデンマークのエネマルク選手が倒れて死亡したほかにも同じデンマークの自転車選手バングスボルグが二十七日、選手村で倒れ、またパキスタン・ホッケーチームのマネージャーやブルガリアの自転車選手が日射病で病院に収容された。
　オリンピック開催日は大会を組織する市が提案し国際オリンピック委員会（ＩＯＣ）で承認されねばならない。同委員会は選出された期日が不適当と思われれば変更を命じ得る。多くの選手たちは、ＩＯＣがローマの気候がこんなに暑い時期に開催を承認したことに驚いている。ＩＯＣのひとりの古いメンバーは二十七日、記者に対し非公式にＩＯＣは「大きな過ちをしでかした」と誤りを認めた。ＩＯＣはすでに日本から提出された一九六四年度東京大会の開催期日案を再検討し、来年のアテネ会議で新しい案を出すよう依頼した。現在のもようでは、ＩＯＣは今後、大会開催期日の検討に際しこれまでより堅い立場をとるようだ〉（昭和35年8月28日付・朝日新聞）
　だが大宮曰く、この裏にはこの時点ではまだ報道されていなかった事情があったそうだ。
「イエンセンは、ドーピングをしていたんです。やってはいたんですが、今のようにドーピング検査が厳しくなくて、バレないようにやっていたんでしょうね。それで心臓麻痺で亡くなってしまったんです。それがキッカケで、以降はドーピング検査が強化されることになりました」

日本人には馴染みが薄いが、五輪に限らずスポーツはドーピングをやる側と取り締まる側とのイタチごっこを現在も続けている。筋肉増強剤を使用した状態でボクシング世界戦を戦い、山中慎介に勝利したメキシコ人ルイス・ネリが記憶に新しい。そしてロードレースに目を向ければ、ツール・ド・フランスを7連覇したにもかかわらず、ドーピング使用を自ら告白し全ての優勝を剥奪されたアメリカ人ランス・アームストロングらが有名である。

医学の進歩とともに、ドーピングの使用も巧みに隠蔽されるようになり、今後一層巧妙になっていくことが予想される。後年イエンセンのドーピング使用が明らかになり、60年ローマ五輪はドーピング検査強化の必要性を世に知らしめるという、不名誉な石碑を抱え込むことになってしまった。

しかしそれでも、64年東京五輪開催時期見直しは英断であったと、大宮は断言している。

「ローマは本当に暑かったですよ。でも、ローマはカラッとしてるでしょ？ 東京はジメッとしている。64年東京五輪は10月開催でよかったんですよ、涼しくて快適でした。２０２０年は8月開催ですか。自転車は風を切って走るからまだいいですけど、

3MB
JAPAN

3MA
JAPAN
JAPAN
ITALIË
ITALIE

マラソンなんてどれだけ暑さ対策をやっても、ペースやタイムに関係なく完走したもの勝ちになってしまうでしょうね」

度々疑問を呈されている2020年東京五輪開催時期だが、64年は直前の見直しで開催時期を変更し、功を奏した形となった。ただし、それができたのは〝死者が出てしまった〟という引き鉄があったからである。

加えて、当時の五輪があくまでも〝アマチュアの大会〟でしかなかったことも大きい。84年ロサンゼルス五輪以降、すっかりショービジネスと化した五輪には、プロスポーツから世界的なスーパースターの参加が不可欠となってしまっている。2020年も、サッカーフランス代表のキリアン・エムバペ、バスケットボールアメリカ代表のレブロン・ジェームスをはじめ、多くのスター選手たちの参加が望まれている上、彼らの所属チームやリーグがシーズン真っ最中の五輪参加を認める可能性など限りなくゼロに近い。欧米で多くのプロスポーツがシーズンオフである8月中の五輪開催は、もはや動かし難いものと言わざるをえない。

不完全燃焼に終わったローマ五輪を終えた大宮は、大学卒業後に電電公社（現・NTT）へ入社。自ら自転車部を立ち上げ、来るべき東京五輪へ向けて万全の体制を整えていた。

「会社へは週に一回しか行かなかったですよ、午前中に顔を見せるだけで、その時に電話がかかってくると会社にいなきゃいけなくなるからそれが一番怖かった。会社からも〝東京五輪に向けて頑張りなさい〟と言われていたので、競技に集中できましたね」

恵まれた環境下で自転車に打ち込んだ大宮は、62年アジア大会で2位に。そして63年に東京で開催されたプレ五輪では、当時世界2位の実力を誇っていたフランスのバジルを抑えて見事優勝。これで大宮自身が世界の舞台で戦える自信をつけただけでなく、周囲も東京五輪でのメダルを期待するようになった。当時の読売新聞では〈ホープ登場〉と題し、大宮の写真付きで以下のように報じている。

〈日本自転車競技界がひそかに期待している金メダル候補。個人ロードは、健脚、スタミナとともに、およそ五時間、距離にして東京-静岡にあたる長丁場を走り切る強い精神力と、巧みな駆け引きが要求される。それだけにレース経験豊富なベテランでも、レース当日にならないと調子がわからないというむずかしいレース。

ローマ大会についで二度目のオリンピック大会出場の大宮は、昨秋の国際スポーツでバジル（フランス）に勝って以来、大きく成長したといわれているが、なんといっても大宮の武器は、逆境に耐える〝根性〟。きびしい練習にも不平一ついわず、強化合宿では後輩がまだ寝ているうちから起き出して、黙々と便所そうじをしてきたという。大宮の生来のたくましい精神力は、急カーブやけわしい坂の多い難コースにも十分耐え、日本自転車界待望のメダルをもたらすかもわからない〉（昭和39年10月22日付・読売新聞）

しかし国民の期待を背負って迎えた東京五輪では、36位というメダルからはかけ離れた順位に終わってしまう。だが、金メダルを獲得したイタリアのツァニンとのタイム差は、わずか0・12秒。約40人が一斉にゴールし、3位から27位までは同タイムという、五輪史上稀に見る大接戦であった。当時の新聞紙上でも、熱狂とともに自転車競技の激しさが、そして大宮の健闘が称えられている。

〈スタミナの限界を競うこの種目は、お互いが断続的にスパートをかけながらスタミナの差を出してゆくのが普通。ところがこの日は参加百三十選手のうち七、八十人が最後までほとんど一丸となってレースを展開するという激しさとなった。一周目の平均時速も一周の四〇キロ台を除くとすべて四一キロ、ローマの優勝平均時速四〇・三

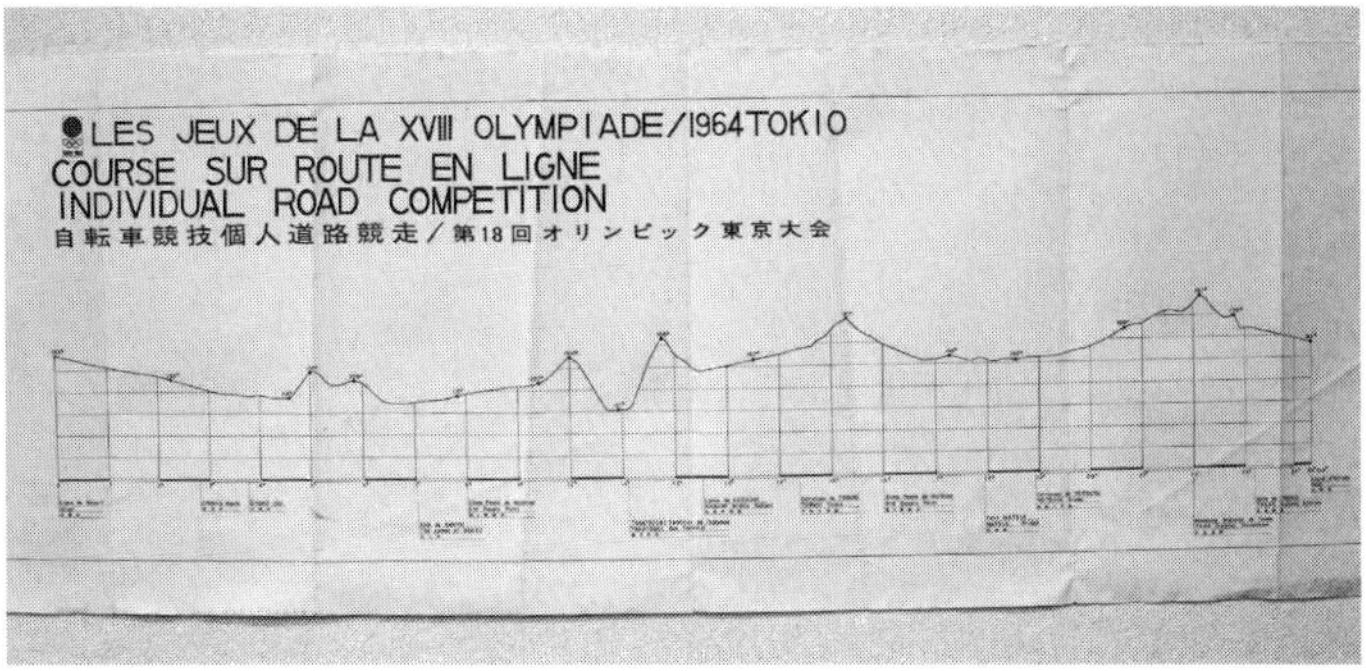

東京五輪ロードレースのコース高低表。これを見ながら各国は作戦を練っていた。

七キロを上回るハイピッチのラップとなった。

このためレースの勝敗を最後にわけたのはスプリントだった。一周目は百人近い選手がダンゴで本部前を通過、二周目は高月の難コースでツァニン、バジール（フランス）ら約十人が飛び出したが、三周目にかかったところですぐ追いつかれた。ここで日本の辻、赤松らが遅れはじめた。五周目でも高月の難コースでふるい作戦に出たが、これもだめ。六周目までに棄権したのは十四人で、先頭グループは七、八十人が約百メートルの帯をつくって本部前を通過、七周目にはいって日本の山尾も落ちた。

大宮はこのグループの中ほどにいた。

最終周ではロペス（スペイン）、ローマ大

会四位のペトロフ（ソ連）など十二人が大集団に二十メートルぐらいの差をつけて通過、大宮は七番手について好調。しかしツァニン、ロディアン、ゴーデフロートらが第二の大集団に余裕をもってついている。

先頭グループにツァニンらが追いついたのは八王子犬目《いぬめ》の決勝まであと七キロの地点。スピードの争いとなったのはあと一キロとなった高尾駅前からである。ツァニンは後から広い道幅の甲州街道の外側に出てトップにおどり出た。そのままスピードはぐんぐん上がり、ゴール前わずか一メートルくらいの差で二位以下を振り切った。

大宮は最後までよく健闘した。外国選手に取り囲まれて前に出られなかったが、記録的には優勝記録にわずかに劣るもので、その健闘はたたえられる〉（昭和39年10月23日付・毎日新聞）

東京五輪でなにも変わらなかった自転車行政

大宮は、手応えを掴んでいただけに、今も東京五輪には悔しさが残っているようだ。

「優勝候補の外国選手と、ちゃんと先頭交代しながら走れるようになっていた。これはいけるな、と思いながら走っていたんですけど、その前に私、1周目か2周目で落車しちゃってるんです。転んだ選手に乗り上げてしまって。その後急いで追いかけて、先頭集団に追いついたんですけど、落車して無駄な力を使わなかったら、もっと良い順位だったんじゃないかという思いはあります」

メダルの獲得こそ叶わなかったものの、大宮の走りは日本中に強いインパクトを残した。五輪後の去就が注目されたが、大宮が出した結論はまさかの競輪への転向。マラソン選手が短距離に挑むようなもので、過去にも類を見ない転身であった。

「東京五輪が終わったら、ロードレースはそれでおしまいと自分で決めていました。今と違って、欧州のレースに参加するようなシステムや勧誘もありませんでしたから。会社に残るか、プロ（競輪選手）になるか、迷ってたんですけど読売新聞が〝大宮競輪へ〟なんて勝手に書いちゃってね。会社からも〝どうすんの？〟って言われて、それで転向したんですけど、ピストを走るにはスピードが足りませんでしたね」

その後大宮は、58歳まで競輪選手として現役を続け、引退後に昭和第一学園高校自転車競技部コーチに就任。瞬く間に同校を自転車競技の名門へと押し上げた。同校卒業生の畑中勇介は、高校時代に大宮から直接指導を受け、卒業後ロードレーサーに。日本選手権でも優勝を果たし、2020年東京五輪にも出場が期待されている。だが大宮が願うのは、教え子たちの飛躍だけではない。

「本当だったら、立川市にある国営昭和記念公園や、皇居周辺で定期的にロードレースを開催してほしいんです。でも、レースを開催するにはまず住民の方々の理解が、そして警察の許可が必要なんですが、警察の説得が一番大変なんです。交通規制のこと、事故が起きた場合誰が責任を取るのか、というのが問題になってくる。そのためには、政治力、交渉する人の力も必要になってくる。

東京マラソンは、都知事があれだけ動いたから、6時間近く交通規制をかけて開催できているわけじゃないですか。できることなら都心でロードレースを開催して、何万人というお客さんを集めてほしいですね」

64年東京五輪をキッカケに、東海道新幹線や高速道路といったインフラが整備され、日本人の生活は劇的に変化した。だが大宮の話を聞いていると、64年当時から現在に至るまで、行政は「自転車」という「インフラ」と一切向き合ってこなかったように思える。

もっと言えば、そもそも検討の対象から外していたような印象さえ受ける。かつて大宮が東京の道を仲間と校歌を歌いながら駆け抜けたように、歩行者と自転車と自動車が共生する日常を、64年以降の東京の風景として上手に描けていなかったのだろう。

だが２０２０年を目前に、初めて自転車との付き合い方を見直す機会が訪れている。そのためにわざわざ法律まで制定したはずだ。せっかく五輪を契機にするならば、行政にはより真摯に自転車競技と向き合ってほしい。それが巡って、私たちの生活を変えるのかもしれないのだから。

Story

7

井上喜久子

Kikuko Inoue

五輪の日本人女性最高齢出場記録保持者

欧州の調教師はビジネスもうまいんですよ、日本とはいろんな意味で差があります。

いのうえ・きくこ

[馬場馬術] 個人16位 団体6位入賞

1924年12月3日生まれ。東京都芝区出身。東京オリンピックに日本初の女性騎手として出場。72年ミュンヘン五輪、88年ソウル五輪にも出場し、五輪には通算で3度参加した。ソウル五輪出場時の年齢、63歳9カ月は当時の日本五輪最高齢記録。2008年北京五輪で同じく馬術の法華津寛(当時67歳)が最高齢記録を上回るも、女性最高齢記録は今も破られていない。

上:家族で出かける際も馬車で移動、馬と共に生活する日々であった。
下:幼い頃から競技会で優勝を重ね、「天才馬術少女」としてメディアに取り上げられた。

燕尾服にシルクハット、馬場馬術の正装である。

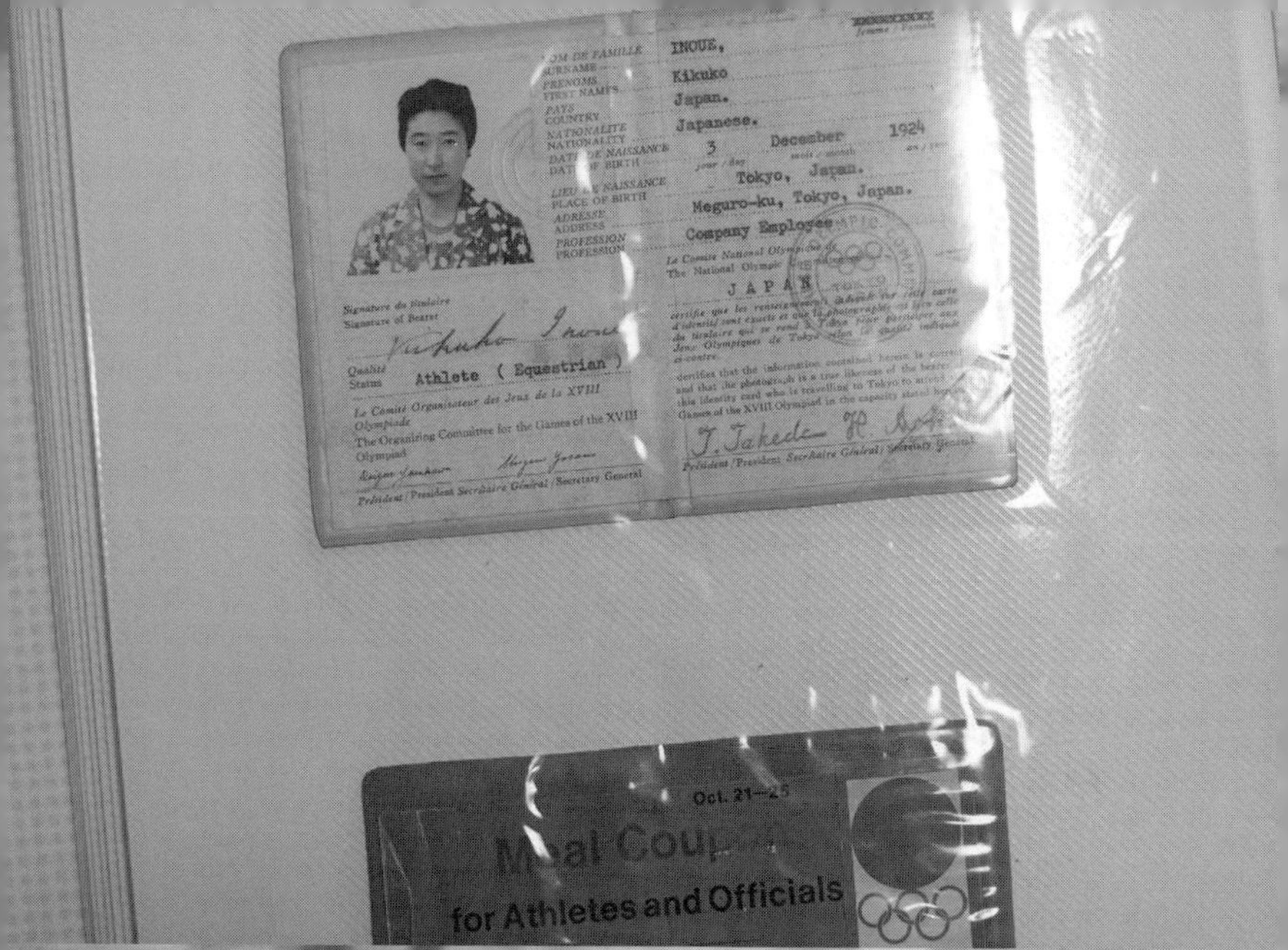

上:東京五輪の選手証。
下:ソウル五輪直前、喜久子の評伝が発売された。

２０１２年、法華津寛《ほけつひろし》が71歳でロンドン五輪馬場馬術に出場し、自身の持つ日本人五輪出場最高齢記録を更新したことは記憶に新しい。しかし結果は残念ながら一次予選敗退、五輪における日本人の上位進出は長く途絶えている。その馬術で、かつて日本が五輪金メダルを獲得したことを、どれだけの日本人が知っているのだろうか。

男爵の爵位を持ち「バロン西」の愛称で日本国民から親しまれた西竹一《たけいち》は、帝国陸軍の騎兵将校として騎兵畑を歩み、１９３２年のロサンゼルス五輪馬術障害飛越競技で金メダルを獲得した。アジア人への偏見が根強い欧米の社交界にも受け入れられ、ロサンゼルス市の名誉市民にもなっている。のちに西は戦車兵に転科し戦車第26連隊の連隊長として第二次世界大戦に従軍、硫黄島の戦いで戦死した。

64年の東京五輪に馬場馬術で出場した井上喜久子は、バロン西との思い出を今でも鮮明に覚えている。

「西さんは子どもの私に優しかったですよ、父と一緒に馬を連れて習志野（千葉県）の練兵場へ行った時も、『キーちゃん』って向こうから声をかけてくれて」

井上喜久子は24年、関東大震災の翌年に東京三田に生まれた。母方の祖父は浅野總一郎《そういちろう》、セメントを中核として一代で浅野財閥を築き上げた人物である。父の馬杉秀《ばすぎしゅう》は東大在学中に馬術部に所属、母の慶子もアメリカ留学を機に馬場馬術に夢中になり、結婚後も夫婦の馬術への熱は冷めることはなかった。

「父は自分の家で馬を飼いたかったんです。馬を飼ったら蠅も出ますし臭いもする、たまには鳴くし、三田は御屋敷町でしたから『近所に遠慮して暮らすのは嫌だ』って言って、田舎の目黒に引っ越したんです。今じゃ考えられないでしょうけど、当時の目黒は原っぱと森が広がっていて。家では馬3頭、ロバ1頭を飼っていました」

目黒への転居後、父の秀は理事を務めていた馬術クラブ、東京馬術研究会のメンバーである東久邇宮稔彦王《ひがしくにのみやなるひこおう》、緒方竹虎《おがたたけとら》（朝日新聞社副社長から第5次吉田茂内閣の副総理、後に自由党総裁に就任）、森村義行（第6代内閣総理大臣・松方正義の実子で、森村財閥の森村開作《かいさく》の養子）という戦前の政財界を代表する錚錚たる顔ぶれと、連日自宅の周りを馬で駆け回る生活を始めた。

娘の喜久子も、5歳から馬術を始め、東京馬術研究会所属の調教師であった久力紫朗《くりきしろう》に師事。のちの活躍の基礎を学んだ。小学校に上がると、ロバ〝シルバーウイング号〟が引く馬車に乗り、両脇には黒いシェパード犬2匹を従えて学校へ登校。週末になると、両親とともに馬車に乗って銀座まで出かけるという、文字通り四六時中馬とともに暮らす幼少期であった。

「何しろ、動物が好きなのよ。ドーベルマンも飼ってましたよ。今は『スタッフさん』って言わなきゃいけないんだけど、当時は馬丁《ばてい》さんが家で馬の面倒を見てくれて。久力先生はとても優しい方でしたよ、他の男の子や、先生のお子さんたちとも一緒に馬に乗っていました。当時も、馬に乗っている子どもは少なかったと思いますよ。裕福じゃないとできないですから」

そんな馬杉喜久子の初の大舞台は、32年9月25日に日比谷公園市政会館前の大運動場で開催された、ロサンゼルス五輪で金メダルを獲得したバロン西の歓迎大会であった。この大会に、小学2年生の喜久子は母の慶子とともに出場。その模様は、翌日の新聞に「可愛い〻九歳の少女騎手も参加」（当時は生まれた時から1歳で年齢の表記も数え年）という見出しとともに、写真付きで紹介されている。

それから4年後の36年、喜久子は千葉県津田沼の谷津競技場で開催された、竹田宮賜杯争奪全日本馬術競技大会乙班の部で優勝。大人も参加する馬場馬術の競技会で、弱冠11歳にして初の栄冠を手にした。

「馬の競技っていうのは面白いのよ、他のスポーツと全然違う。まず男女の差がない、年齢の制限もない、目方も身長も、与えられた種目ができるんなら何にも関係ない。だから面白いのよ。当時、馬術競技に出ているのは軍人さんが多かったけれど、私が勝つこともあって、そんな時は爽快な気分でした。出場選手には将校さんだっていたんですよ。

ただ、父の教えで障害の競技には出ませんでした。もし馬が転んで、顔を怪我したりしたら大変ですからね。当時は女の子が馬に乗ることも珍しかったですから、『女の子が馬なんかに乗って』って言われることもしょっちゅうでした」

馬術は馬場馬術、障害、そしてその二つの要素を複合的に盛り込んだ総合の3つに分かれる。馬場馬術は、規定された馬場の周囲にアルファベットの文字板が立っており、馬の運動をこの文字板に従って方向を変えたり、歩く速度を変えたりするよう決められている。審判は各騎手が文字板の指示する運動を間違わずにいかにうまく行うか、個々の運動が総合的にどのように演出されたかを見て優劣をつける。つまり、フィギュアスケートや体操競技などと同じ採点競技である。喜久子が生涯主戦場としたのは、この馬場馬術だった。

翌37年、日中戦争が勃発した年に喜久子は聖心女子学院に入学。以降、戦時下で開催された同年の第9回神宮体育大会や、40年の橿原《かしはら》神宮奉納全国騎道大会をはじめ、数々の大会で喜久子は優勝を果たしている。しかし、戦争の影響は段々と喜久子の競技生活にも及び始めていた。42年、日本がビルマ（現・ミャンマー）への侵攻を開始したこの年から、喜久子は軍需工場へ動員されている。

「もう馬術どころじゃなかったですね。神宮の大会の時は戦時下でも何にも変わらないなあと思いましたけど、家にいた馬も牧場へもらわれていったり、軍馬として台湾へ駆り出されたり。その馬はそれっきり戦争から帰ってこられなかったですね。学校に行かないで直接品川の工場へ行くようになってからは、クラスの他の子は包帯を作ってたりしてましたけど、私みたいに丈夫そうなのは旋盤で鉄板に穴を開ける作業を命じられて。力が要るから結構大変でした」

聖心女子学院卒業後間もなく、17歳の時に喜久子は一度目の結婚をしている。お相手は京浜地方に数多くの関連会社を持つ川崎財閥の御曹子、川崎隆三郎であった。一児を授かるも、川崎は台湾に出兵して帰国後に病死。そして45年8月15日正午、昭和天皇による玉音放送をもって日本はポツダム宣言受諾を国民へ表明し、長きに渡った戦争は日本の降伏により終わりを迎えた。

馬に乗るために自分で金を工面する毎日に

夫の死後、喜久子は馬杉家へと戻った。馬術仲間からの誘いで再び馬に乗り始めた喜久子であったが、戦前と決定的に異なることがあった。GHQによる財閥解体、そして馬政局《ばせいきょく》の廃止である。馬政局とは明治天皇の勅命で設置された行政機関の一つで、軍馬の改良育種を目的としていた。日本の馬事馬産を一手に担っていた専門機関であり、競馬の振興も積極的に行っていた。

軍人であったバロン西の五輪金メダル獲得も、馬政局設置がもたらした恩恵の一つに数えて差し支えないだろう。しかし終戦と同時に占領軍が馬に関するあらゆる法律を廃止し、馬政局だけでなく関連の馬匹育成や馬事関係の団体も全て解散。行政の指導と保護により支えられていた馬産が、全て民間に委ねられることになったのだった。

この変化について、東京大学農学部教授の澤崎坦《さわざきひろし》は「長い歴史をもつ我が国の馬産は、終戦を機に他のいかなる産業とも比べものにならないほどドラスティックな変身を求められた」（『馬は語る』岩波新書）と評している。

「でもね、財閥解体って言ったって、本当に全部ゼロになるわけじゃないんだから。

みんなうまくやってたんじゃない？ 当時乗馬をやっていたのも（元財閥の）息子とか、奥方様とか当時で言う『有閑マダム』（金銭的にも時間的にも余裕があり、社交ダンスやパーティー、浮気など遊びに時間を使う夫人のことで、戦後辺りから使われるようになった言葉）よね、そういう人が多かった。私は皇居の東御苑でやっていた『パレス乗馬倶楽部』っていう倶楽部に入っていて、そこは華族の人が多かったですね」

その後、喜久子は従姉妹《いとこ》の紹介で知り合った会社員の井上朗《あきら》と2度目の結婚。二人の子宝に恵まれ、出産の間は乗馬を休んでいた喜久子であったが、産後には夫の勧めもあり五輪出場も視野に入れて馬術競技に復帰。しかし、全て父親が用意してくれていた幼少期とは異なり、資金調達から自分で始めなければいけなかった。

「井上も普通のサラリーマンでしたからね、でも結構稼ぎましたよ。社長がいい人で、私が馬に乗るために歩合制にしてくれて。広告会社だったんだけど、雑誌や新聞の縦枠一つでも取ってくればいいお金になるじゃない。知り合いだったいろんな企業の社長や重役に直接会って『私、馬術で五輪に出たいんです。そのための資金を集めています。どうか広告を出していただけませんか？』とお願いして回りました。

女性でそういうことをやっている人も割と珍しかった時代ですから、そういう取材で新聞に紹介されることもありましたよ。でも自分が馬に乗りたくて、馬に乗るためだから、まったく苦ではありませんでした」

喜久子はそう話すが、2017年現在でも国内大会に出場するだけで、エントリー料や馬の輸送費など合わせて一回あたり10万円はかかると言われている。五輪を目指し本格的に参加するならば、当然こんな額では済まないだろう。実は五輪を目指す上で、金銭問題は馬術に限った話ではない。さらに言えば、女性に限った話でも、日本に限った話でもないのだ。

ハリウッド映画『フォックスキャッチャー』は、ロサンゼルス五輪で金メダルを獲得したアメリカのマーク・シュルツが、メダル獲得後も経済的に困窮していたという実話に基づいている。現在でも、スポンサーをつけたり、実業団に所属して競技だけに集中できる選手はほんの一握りだ。会社員として働き、競技の費用を自力で賄い続けた喜久子の実績は、もっと広く世に知られるべきだろう。

そんな環境下で久しぶりに出場した皇居内・パレス乗馬倶楽部で行われた復活第6回東京馬術大会にて、喜久子は十余年のブランクを感じさせずに大会2位を勝ち取る。「馬術っていうのはね、技術じゃないの。衰えとか上達とかそういう問題じゃないと

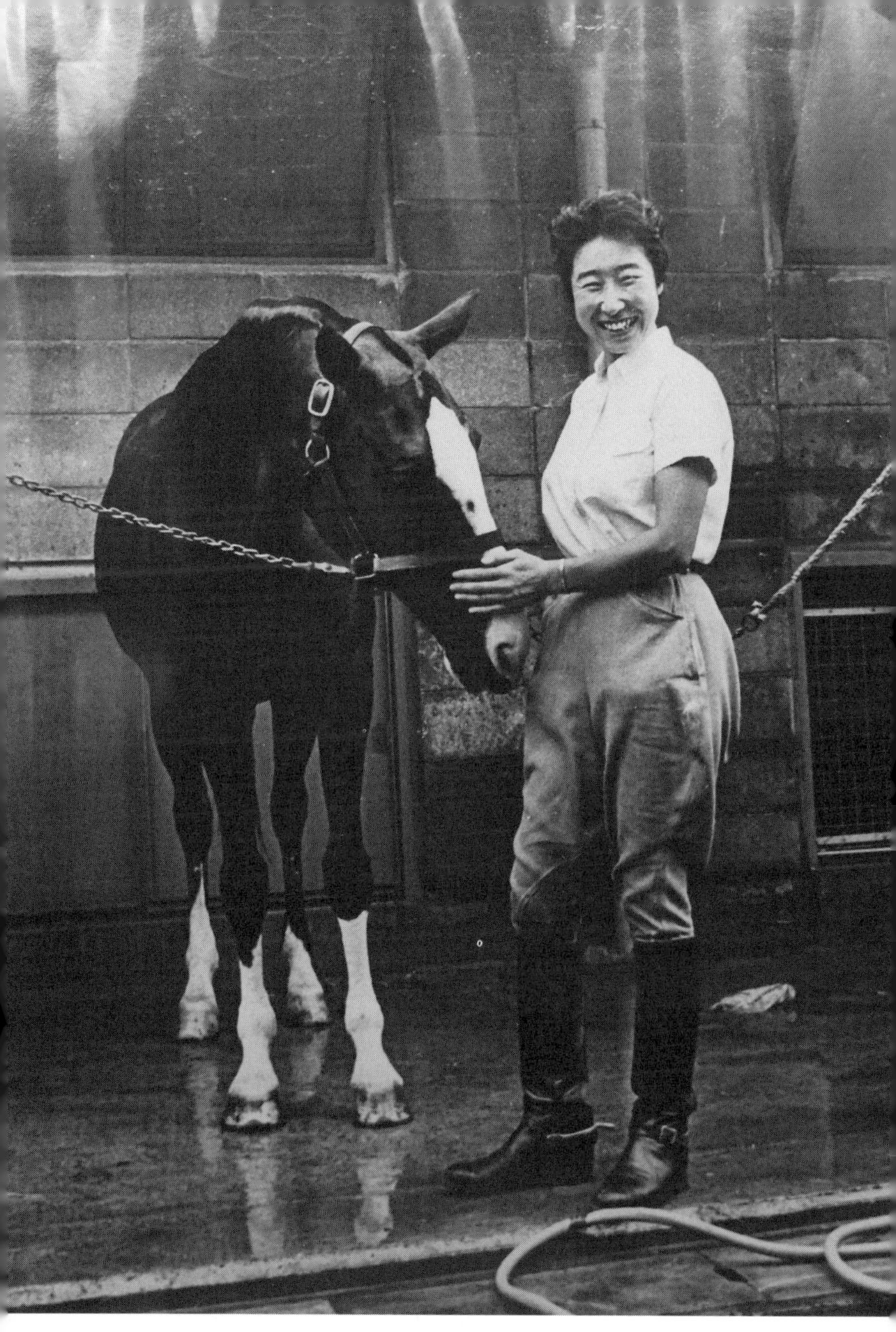

東京五輪に共に出場した、勝登号と。

思う。馬は生きてるから、意思があるから、しっかりコミュニケーションを取って馬の感覚を読み取らなきゃいけない。調教師さんはずっと馬を見ているから『この馬はこういうことやってくれないよ』っていうのがよくわかっているし、それは馬によってみんな違うから、乗る前に教えてもらうんです。上に乗っている人がどんなに『こうしたい』と思ったって、馬の方が強いんだから『嫌だよ』って思われたらそれまでよね。だから右に行きたくない馬がいたとしたら、左回りにしてなんとなく右に行かせたり、駈歩《かけあし》が嫌だったら速歩《はやあし》で行ってみようとかね。

馬が思い通りに動かない時っていうのは、大抵人間の指図の仕方が悪いんです。だからこっちも考えなきゃならない。子どもに『勉強しろ！ 勉強しろ！』って言って、1時間やらせても進まないでしょう？ 嫌なことを無理にやらせるほど馬鹿なことはない。余計反抗することを覚えさせるだけだと、私は思うんです。だから馬術で大事なのは、そういうコミュニケーションのやり方を、ある程度自分で会得することだと思います」

喜久子は、恩師である久力紫朗によって調教されたユドラ号とともに、その後も数々の大会を制覇。60年には見事ローマ五輪最終選考会も優勝し、初の五輪出場を確実なものとした。当時、まだ馬場馬術で女子が代表に選ばれたことがなかったことも手伝って、メディアの注目も喜久子に集まり始めていた。しかし大会直前に、喜久子を想定外の事態が襲う。ローマ五輪代表選手から外されたのだ。

「事前の知らせも何もなくて、私も新聞で知ったんですよ。一度は五輪決定で新聞に顔写真まで出てたのに。一応、『馬が年齢をとりすぎているから輸送が難しい』って説明はその後連盟から受けましたけど、馬だって一年に一つしか年齢をとらないんだからそんなこと前からわかってるじゃない？　馬場馬術の枠を障害に与えたんだけど、（注：ローマ五輪では日本から障害に3名出場）馬場より障害の方がいくらか上に行ける可能性が高かったわけですよ。

今でもこのやり方は酷いと思う、文句も言いましたけど、私が上（連盟）にいても同じ決断をしたでしょうね。（障害を優先した判断は）正しかったと思う。馬場を切ったと思います。納得するしかないですよね、『コノヤロー』と思いましたけど、こっちはお金ないのに一人で訴訟起こしたってしょうがないから。次の東京を目指すことにしました」

水泳のように厳格に「派遣標準記録」を設けない限り、代表選手を会議で決める以上、未だに選手選考は多くの火種を抱えている。リオ五輪代表選考の際、選考基準を満たす選手が複数出た柔道は、選考会議を公開した。こうすることで選手選考の透明性を上げ、その「文脈」を選手たちに理解してもらうためだ。喜久子のローマ五輪選外のように新聞でいきなり発表するのは論外として、こういった選手に対する配慮はもっと広まってほしいところだ。

いい馬がこない！今も変わらない日本馬術の弱点

その後、ユドラ号から国産の勝登号《かちのぼり》にパートナーを変更した喜久子は、1961年に東京五輪訓練生となり、以降も主だった大会を総なめ。今度こそと、1964年東京五輪出場を果たした。東京五輪本番の様子を、当時の新聞はこのように記している。〈女子選手はチームを女子でかためるアメリカをはじめ日本のホープ井上喜久子夫人ら八選手が出場するが、ローマ大会六位のデラツーア夫人（米）とあし毛のコンペルサノ・カプリス馬に乗るホール夫人（英）が出色。井上夫人も女子選手中では目立つ実力を持っているが世界の強敵相手では苦戦、十位以内に入れば上出来だ〉（64年10

月22日付・朝日新聞）

〈大賞典馬場馬術第一日は、午前八時半から東京世田谷の馬事公苑内、縦六十メートル、横二十メートルの芝生の競技場で千人余りの観衆を集め団体参加六カ国、個人参加二十二選手によって争われた。三笠宮殿下ご夫婦もご覧になった。

黒のシルクハット、えんび服、白のズボン姿のカナダの女性選手フィッシャークリード嬢から演技がはじまり、日本は二番目に松平頼典選手＝浜千鳥号、九番目に井上喜久子選手＝勝登号、十六番目に岡部長衛選手＝青巴号が出場、優秀馬ぞろいの外国勢にまじって健闘したが、松平選手は五四二点と振るわなかった。

期待の井上夫人も落着いた乗馬ぶりで、全種目をスムーズに大したミスなくまとめたが、得点は六四八点で、あす二日目の再審には残れなかった。（中略）井上選手の話　大会のふんいきにものまれず、のびのびと乗れました。この乗馬の勝登号としてはまずまずのでき。終わってほっとしました。しかし馬に前進気勢が欠けているのが致命的で期待にそえず残念でした〉（64年10月22日付・朝日新聞夕刊）

〈日本のホープといわれていた井上喜久子夫人も、個人入賞をきめる再審競技に残れなかった。日本では国際級といわれる彼女の演技も、フィラトフ（ソ連）ら世界の一線級に比べると、プロとアマのちがい、馬に前進気勢がなく、審査の主眼である芸術的演技にはほど遠いできだった。日本は団体戦で六位入賞だが、出場チームの最下位では自慢にならない。（中略）岡部、松平は健闘したが、世界の水準には道遠しの感が深い〉（64年10月23日付・朝日新聞）

このように新聞では日本の惨敗を報じているが、喜久子本人は東京五輪でのパフォーマンスに満足しているという。

「よくあの馬であそこまでやったと思うんです。歩様《ほよう》という採点項目があって、文字通り歩く様を採点する項目で、全部の運動に歩様の点数が付けられるんです。東京五輪の採点を見ると、どんなに悪い馬でも十点満点で七点はついてるんだけど、勝登号は二点しかつけられていなくて。外国の選手たちによく聞かれました、『その馬、ポニーか？』って。

西洋人と日本人の歩幅が違うのと一緒で、あっちの馬の一歩がこっちの三歩。これじゃ勝てないよね。でも、運動としてはとてもよくできた。私はこれまでいろんな競技会に出ましたけど、大体勝ってましたよ。だけど勝ったって負けたってどっちでもよくて、前の競技に出た時より一点でも多く取りたかった。優勝しても、前の点数より悪かったら、あんまりうれしくなかった。勝登号に乗って出場した中では東京五輪が一番良い運動ができた。だから、自分としてはすごく満足だったんです」

それでも一つだけ、東京五輪で喜久子が後悔していることがある。

「英語をやっておけばよかった、それは本当に思いました。英語さえわかっていれば、フランス人もドイツ人も英語をある程度しゃべれますから、選手村で彼らと片言でも話せたらさぞ面白かったろうと思うのよ。講演を頼まれる時も、英語だけはできるようにしましょう、って話をしてます。あれは私の大失敗ですね」

念願の五輪出場を果たした喜久子は、次のメキシコシティ五輪に向けて西ドイツ（当時）産のダフネ号をパートナーに、競技会で好成績を収め続けるも、五輪直前にダフネ号が故障し出場を断念。続くミュンヘン五輪には、同じく西ドイツのドン・カルロス号とともに出場を果たしているが、残念ながら32位に終わった。喜久子は、当時をこう振り返る。

「外国まで馬を買いに行く時っていうのは、馬場連（日本馬術連盟）の人や調教師さんがある程度当たりをつけておいてくれるんです。つまり、売る方も日本人が買うことはわかってるんですよ。向こうが出してくる馬に乗ってみると、大体どこか脚に故障を持っているんですよ。でも、向こうの調教師はうまくてね、乗ってみるとなんとかなるように調教されてるんですよ。こっちが乗る時もしっかり仕上げてあるのに、まるで今日初めて人を乗せるようなふりして馬を出してくる。

ダフネ号を選ぶ時もう1頭いて、私はそっちの方がいいと思ったんだけど当時の調教師がダフネ号を選んだんですよ。西ドイツの調教師は『ダフネ号は障害を飛ばせない』って言ってて、ということはどこか脚が悪いってことなんです。欧州の調教師はビジネスもうまいんですよ、日本とはいろんな意味で差がありますよね。本当にいい馬は、あっちの選手が持っていっちゃう。

ドン・カルロス号は馬場連が買ってくれたんですけど、乗るのは私なのに馬を決める会議に私は入れなくて。あの馬は全然動かなかったんですよ、象に乗っているみたいで、欧州で競技会に出ると向こうの人たちが『その馬でよくまわってきたねえ』って声をかけてくるんです。そんなんじゃやる気も出ないですよね」

この証言を裏付ける、ミュンヘン五輪開催時の新聞記事がある。

〈日本の馬術界で男性をしり目に。全日本選手権などで活躍してきた井上喜久子さんも、本場ヨーロッパでは歯が立たなかった。七日の馬場馬術は三十二位となり、東京五輪の十六位をかなり下回る成績。これにはご本人もちょっとがっかり。「馬が大きすぎて、十分に乗りこなせなかったのが敗因です」という。

しかし「こんな成績では、引退するわけにはいかないわ。また、モントリオール五輪を目ざしてがんばります」と宣言した。二人の孫まである「おばあさん騎手」とは思えない若々しさだ。

この競技は「馬六分、騎手四分」といわれる。いくら名手でも馬がダメならどうにもならない。ところが日本は競馬馬の輸入には熱心で、いい馬がいっぱいいるが、馬場馬術用になると、血筋のよい馬はほとんどいない。そこで日本馬術連盟はミュンヘン大会用にと、今年はじめ西ドイツでドン・カルロス号を買い、二月に井上さんをいち早く派遣した。馬の購入費は雑費もふくめて1600万円。

「オリンピックは東京大会についで二度目だから、少しもあがらなかった。私自身は調子がよかったのだけど、なにしろ馬が……」と井上さん。カルロス号は、井上さんがふだん乗っている馬よりずっと大きくて重い。

「ただでさえ重い馬なのに、きょうは本番前のパドック（練習場）でも軽快に動かなかったので、これはダメだな、と思った。やっぱり、その通りでした」

馬は仕込み次第だともいうが、井上さんは「調教にも失敗した」と残念そう。カルロス号のトレーナーはドイツ人だが、たいへんガンコな人で井上さんの意見を少しも聞かないで馬を調教し、疲れさせてしまったという。

「カタコトのドイツ語ではやっぱりダメ。これから馬術で戦うには、コトバからはじめなくては……」。その点、ヨーロッパの選手は恵まれている。日本では、大きな競技会は二、三回しかないが、こちらでは毎週やっている。それにほとんどの選手が同じ馬に五年から八年くらい乗りつづけイキがピッタリあっている。なかには、一人で数頭の馬を持っている選手も多い、という。

二月以来、カルロス号とともにヨーロッパ各地の競技会を転々とする生活を送った井上さんは、六ヶ月ぶりに帰国して、主婦にもどる。

「半年もよく家をあけられましたね」と質問したら「わが家は手がかからないの。主人は三菱レイヨンの名古屋支店に単独赴任しているし、二人の子どもは大学生で、私のいとこが面倒みててくれるから……」と優雅な答えだった。

「馬はどうするのですか?」「日本に運ぶにも輸送費が高いので、馬術連盟はヨーロッパにあずけていくつもりらしいわ」「それではヨーロッパでだれか日本選手が乗るのですか」「そんなこと知らないわ」

本当に馬術は高くつく〉（72年9月8日付・朝日新聞夕刊）

選手・監督として6度の五輪出場を果たし「日本馬術の父」と言われた遊佐幸平は、東京五輪直前に「乗り手が学生や会社員の片手間でやるんじゃだめなんだ」（浜垣容二『馬と舞う』より）というコメントを残しているが、喜久子の話は騎手がプロになるだけでは不十分であることを証明している。調教師や審判員、関係者全てのレベルが国際基準に達しなければ、五輪の舞台では戦えないのだ。

ミュンヘン五輪以降、五輪出場こそ叶わなかったものの、喜久子は競技会で好成績を収め続けていた。そして85年、東京五輪出場者の中で唯一現役選手であった喜久子をソウルに送り出そうと、水泳で東京五輪に出場した竹宇治（旧姓：田中）聡子を会長に「井上喜久子後援会」が発足。スポーツ選手だけではなく、馬術経験者である女優の吉永小百合も名を連ねていた。

後援会のサポートを得た喜久子はソウル五輪出場を目指して渡欧、86〜87年の間に本場欧州の大会に参戦し優勝も果たしている。翌88年、63歳の喜久子は見事ソウル五輪日本代表の座を勝ち取り、テルドア号とともに16年ぶりの五輪出場を決めた。

「この時も馬で揉めたんです。最初に乗るはずだったマーシャル号が日本への輸送中に病気になって一回も乗ることなく死んでしまって、白井牧場の白井民兵さんがポケットマネーで買っていたテルドア号に乗せてもらってソウル五輪には出場したんです。順位は46位でしたけど、この時も自分としては納得のいく、あの馬では一番良い運動ができたと思います。それから10年くらいは競技にも出ていたし、出れば大体勝ってましたよ。馬自体には79歳になるまで乗ってました」

喜久子が馬術競技の第一線から退いてからも、五輪馬術競技で日本選手が目立った成績を残したことはなく、未だに国内の競技人口も少ないままである。バロン西に続く五輪金メダルは、もはや叶わぬ夢なのであろうか？ 喜久子は「あくまで個人的な見解である」と前置きした上で一つの案を出してくれた。

「皇族の方に、もっと馬術に関わっていただけたらな、と思うんです。森村さんの息子さんが障害の競技中に事故で亡くなったことがありました。その後に出場する予定だったのが、当時の皇太子殿下、現在の天皇陛下だったんです。普通なら出場を取りやめるところなんですが、皇太子殿下はそのままのコースへちゃんとお出になられて、立派なお姿でした。いろんな大会に出場されていましたが、普段からお上手でしたよ。

競技とは言いません、ふらっと散歩するだけの乗馬でもいい、皇族の方々がもう少し馬というものに関わってくだされば、それを見た一般の人たちももう少し馬術に興味を持ってくれると思うんです」

２０１２年のロンドン五輪では、総合馬場馬術団体にイギリス代表としてエリザベス女王の孫であるザラ・フィリップス選手が出場している。１９６０年ローマ五輪にセーリングで出場した、後のギリシャ国王コンスタンティノス2世のように金メダルを獲得した例もある。それを踏まえれば、喜久子の提言は決して絵空ごとではない、むしろ国際標準に則した考えと言えるのではないか。

元々馬術は、五輪の花形種目である。メインスタジアムで閉会式直前に行われることが通例になっていた。緑の芝生の上で、深紅や黒の乗馬服に身を包んだ騎手が、手入れの行き届いた毛並みの馬に騎乗し躍動する様は、色彩だけをとっても大変美しい姿だったであろう。２０２０年、馬術は東京五輪にどのような彩りを加えてくれるのであろうか。

［参考文献］

澤崎坦『馬は語る――人間・家畜・自然――』（岩波新書）
浜垣容二『馬と舞う』（大修館書店）
三木田照明『馬を楽しむ乗馬術　人と馬とが一体となる「馬楽」のすすめ』（あさ出版）

Story

8

小城得達

Aritatsu Ogi

日本代表唯一のメダル獲得を牽引したサッカー選手

東京五輪でアルゼンチンに勝ったというのは、日本のサッカーの歴史では大きなウェイトを占めていると思う。

おぎ・ありたつ
［サッカー］ベスト8

1942年12月10日生まれ。広島県広島市千田町出身。2歳の時に被爆。高校入学と同時にサッカーを始め、中央大学在学中からサッカー日本代表に定着するようになる。64年東京五輪でのベスト8進出、68年メキシコシティ五輪での銅メダル獲得に大きく貢献した。大学卒業後は東洋工業に入社し、中心選手として同社サッカー部を日本サッカーリーグ4連覇に導く。現役引退後は同部の監督も務め、現在は広島県サッカー協会会長に就いている。2006年、日本サッカー殿堂入り。17年、旭日双光賞を受章した。

1968

上:68年メキシコシティ五輪で獲得した銅メダル。
下:韓国・中国・日本の3カ国で行われた国際大会の様子。

1945年8月6日8時15分17秒、広島市の上空に飛来した米軍機B29が、ウラン235型原子爆弾〝リトルボーイ〟を投下した。市内中心部の600メートル上空で核分裂爆発を起こし、爆心直下では摂氏6000度の熱線と放射線を照射。一瞬にして2キロ四方を焼き尽くした。

「その時のことは、小さかったからよう覚えとらんけどね。聞いた話だと、倒れてきた柱が覆いかぶさってきて、母と姉と一緒に助かって。父は仕事で市外に出ていたから無事だったそうです」

小城得達は、爆心地から近い広島市千田町《せんだまち》の出身。実家は木材の配給を生業としていた。2歳の時に被爆するも生き残り、高校から本格的に始めたサッカーで64年東京・68年メキシコシティ五輪に連続出場し、中心選手として活躍した。

「入学した広島大学附属小学校が、サッカーが盛んで。クラブとかはなかったけど、遊びで一つのグラウンドで5試合ぐらい同時にやってました。中学校に上がったら、その時も遊びでボールを蹴ったりしてたけど、軟式野球部に入って。高校に上がったら野球部がなかったから、なんかしないといけないね、ということでサッカー部に。そこから本格的にサッカーのトレーニングを始めたということです」

当時の広島では、小城が所属していた広島大学附属高校、修道高校、国泰寺高校、山陽高校などサッカーの強豪校が多くひしめき合い、全国の注目も広島に集まっていた。全国大会では広島代表が優勝候補筆頭とされるほどこの4校の争いは熾烈で、レベルが高かった。同級生には、後に日本代表でもチームメートとなる船本幸路や桑原楽之がいた。その中で、小城は高校からサッカーを始めたにもかかわらず、1年生の時からレギュラーとして公式戦に出場していた。

「中学までは身長も真ん中くらいだったけども、高校に入ってから一気に伸びて、1年生の夏以降にレギュラーとして使ってもらえるようになって。高校から始めたことは、ハンディにはなったと思うけれども、小学校からボールは蹴ってたわけだから。高校に入って突然始めたわけじゃないからね。僕だけじゃない、他の学校でも高校からクラブに入って試合に出ていた人もたくさんいたと思うよ」

当時のサッカーは、まだまだ日本ではマイナー競技の枠を出ていなかった。にもかかわらず、広島でサッカーが盛んに行われていたのには理由がある。

元々、広島は〝スポーツ王国〟と呼ばれていた。これは1909年に広島県師範学校（現・広島大学）に就任した河津《かわつ》彦四郎の功績と言われている。元々優れた陸上・

バレーボール選手であった河津は、正しい陸上競技の指導方法を教え子たちに伝え、彼らが広島県内の小学校に赴任し、体育教師として確かな指導を県内の子どもたちに行った。

28年アムステルダム五輪で、日本人初の五輪金メダルを3段跳びで獲得した織田幹雄も広島県出身である。広島が河津の指導を受け継がなかったら、日本の金メダル獲得が少し遅れていた可能性さえある。

それだけの地盤があった上で、19年に日本初の〝サッカー国際試合〟が広島の似島《にのしま》で開催された記録が残っている。サッカーを嗜《たしな》んでいたドイツ人捕虜と広島高等師範学校の学生とで試合は行われ、ここでサッカーを学んだ師範たちが広島県内でサッカーを広めていった。言わば広島は〝日本サッカー発祥の地〟であり、戦後広島が〝サッカー王国〟となったのも自然な流れであった。その後の東洋工業、そしてサンフレッチェ広島の躍進の源流もここまで遡ることができるかもしれない。

とはいえ、まだまだ現代のサッカーとの隔たりは大きかった。

「僕の頃は、ボールは雨の日に使ったら水を吸収するから重たくなる。スパイクは非常に硬い革でできていて、スパイクを履いたままお風呂に入って革を伸ばすようなことをしながら、1カ月以上かけて自分の足に合わせる。サッカーを指導できる先生もまだいらっしゃらなかったから、OBの方々に指導していただいていましたね。中盤をやっていたけど、その時はまだ攻撃的も守備的もなかったから。どちらかといえば、今で言う守備的なミッドフィルダーだね」

小城は中心選手として高校生活3年間で4度も全国大会に出場。3年時にアジアユース日本代表（現・U－18日本代表）にも選出され、高校卒業後はサッカーの名門中央大学に進んでいる。

「全国で優勝は一回もしとらんけどね。中央大学の人からスカウトがありました。中央大学は1学年20人、全部で80人ぐらいいる世界ですから厳しかったですよ。でも、小野監督（注：小野卓爾《たくじ》、中央大学サッカー部の創設者で36年ベルリン五輪サッカー日本代表に帯同し総務全般を担当）をはじめ、立派な指導者の方々もいらっしゃいましたから、中央に行こうということで。

入学した時の4年生で主将が、同じポジションで日本代表候補にも選ばれていた上野佳昭《よしあき》さん。そういう目標になるような人もおられましたからね。1、2軍戦をやると、〝この方が抜けたら自分が代わりに出るんだろうな〟っていうことがわかるじゃない？ それで2年生になったらレギュラーで出ることになったんだけど、それで〝戦力が低下した〟って言われたくない、だから自分を磨いたっていうのはあったよね」

小城がスタメンに定着した62年の中央大学サッカー部は公式戦無敗を誇り、天皇杯でも当時3連覇がかかっていた実業団の名門古河電工を破り、優勝を果たした。その翌年、小城は日本代表に初招集されている。当時の日本代表監督は同郷で高校の先輩にあたる長沼健、コーチには後の日本サッカー協会会長である岡野俊一郎、そしてドイツ人のデットマール・クラマーがいた。

クラマーは、ドルトムントなどでプレーした後、指導者に転身。東京五輪を控えた日本サッカー協会は、日本サッカー初となる外国人指導者として彼に白羽の矢を立てた。60年の来日以降、日本各地を廻って指導を行い、65年の日本サッカーリーグ創設にも貢献。日本サッカーの礎を築き、2005年には第一回日本サッカー殿堂の受賞者に選ばれている。

長沼、岡野、そしてクラマー。三者の役割分担は以下のように成されていたようだ。

「長沼さんは親分肌で、小さいことをグズグズ言う方ではない。その代わりに岡野さんが嫌われ役で、苦言を呈することが多かった。クラマーさんは合宿でも昼夜問わず選手と一緒に寝食をともにする方で。基本を大事に、特にサイドキックなどを重点的に指導されていました。

その通訳を岡野さんがやられていて、時々クラマーさんが言ってないのに、岡野さんが私情を挟んで言うこともあった。それはしょうがないよな、と思ってましたけど、厳しいことは岡野さんがおっしゃってましたね」

強豪国・アルゼンチンからの大金星

小城は代表に定着したものの、主将を務めていた八重樫茂生《やえがししげお》の交代要員としての起用が続いていた。迎えた64年東京五輪でも、当然控えとして準備していた。だが――。

「初戦のアルゼンチン戦もあんまり自分には関係ないと思ってたけど、試合当日のメンバー発表で僕の名前が出てきて。それからはミーティングの内容も頭に入らないくらい緊張していたけれども、もうやるしかないと思って。

日本代表には身体の強さを求められて入っていましたから、その時もアルゼンチンのモリというゲームメーカーをマークする役割で。クラマーさんに〝モリが試合中トイレに行ってもマンマークでついていけ〟とミーティングで言われたことを覚えてる。そういう風に冗談めかして肝心なことを言う、クラマーさんっていうのはそういうところがあったと思うね。杓子定規《しゃくしじょうぎ》ではなく、情に訴える言い方でね」

すでにアルゼンチンは世界に名だたるサッカー強豪国であった。だが、当時の五輪にはプロ選手は一切参加することができなかったため、アルゼンチンもアマチュア選手ばかりのチームであった。加えて、当時の日本代表は南米に対する苦手意識もさほどなかったという。

「組織力で来る欧州のチームはやりづらい、不得手とするチームだった。しかし南米のチームのように個人技で来るチームに対しては、僕らはすごく自信を持っていた。一人一人がしっかりやれば別に勝てない相手ではない、やりやすいチームだったね」

この想定は的中する。日本は3－2で、それも小城のゴールが決勝点となり、日本サッカーは五輪でベルリン大会以来28年ぶりの勝利を挙げた。当時の新聞も〝日本、強敵アルゼンチンを破る〟と見出しをつけ、写真付きで大々的に報じている。

〈日本はついに予想もしなかった強敵アルゼンチンを破った。一九三六年のオリンピック大会で初出場の日本が、優勝候補のスウェーデンを破ったあの「ベルリンの奇跡」

—それが十四日、駒沢グラウンドに再び実現した。その勝利は最後の十分間で、その十分間に日本は過去四年間の努力を一度に爆発させたような迫力のある活躍をした。内容はどうみても四分六分で日本に不利。個人々々の足わざにすぐれるアルゼンチンが余裕をもって中盤をたてなおし、日本ゴールをしばしばピンチにさらした。日本バックがしつようにマークしたからよかったものの、日本FWは攻撃のたてなおしにほとんど余裕がなかった。

前半は17分、中央を破られて0－1、後半9分、八重樫が相手FWの背中を通すたてパスを出し、ここで初めて俊足の杉山が左から切り込んで独走シュート、やっと日本速攻のきざしが見えた。しかし17分アルゼンチンは右ウイングの強シュートをさらにCFドミンゲスが頭で決めて逆転、日本の善戦もこれまでかとみられた。ところが日本は36分、杉山－釜本パスがうまく通り、釜本が左からゴールすれすれにセンタリング、これを川淵がダイビングヘッドして同点、息つく間もなく37分杉山の左センターリングを再び川淵が身体全体でスライディング・ダッシュ、こぼれたところを小城がシュートして遂に劇的な逆転勝ちを飾った。基本技に貫かれた最後の十分間の精神力、これが「奇跡」再現の大きな柱だった〉（昭和39年10月15日付・毎日新聞）

日本は続くガーナ戦に敗れるも、予選グループで同組になっていたイタリアがプロアマ規約に違反し失格になっていたため、グループ2位で予選を通過。決勝トーナメントでチェコに敗戦、続く7・8位決定戦でもユーゴスラビアに敗れたが、東京五輪ベスト8という結果を残した。東京五輪後に新聞紙上で行われた担当記者座談会でも、この成績は次回メキシコシティ大会への期待も含めて、概ね好意的に総括されている。

〈綾部　日本は強豪アルゼンチンを破るなど善戦健闘だ。とてもベスト8には残れまいとの見方が強かったんだから。後半崩れたが、まずは上々のできだよ。

大石　地の利ということはほとんどなかったと思う。強化訓練のタマモノだ。これで日本サッカーもようやくほっとしたことだろう。

（中略）

曽田　日本選手では俊足の杉山、スケールの大きな点で釜本、それにベテラン八重樫も忘れられない。小城、山口といった若手のバックス陣もよくやったよ。これからが楽しみだ〉（昭和39年10月24日付・朝日新聞夕刊）

小城自身も、東京五輪をこう総括している。

「東京五輪でアルゼンチンに勝ったというのは、日本のサッカーの歴史では大きなウ

皇居前で撮影された、メキシコシティ五輪メダリスト集合写真。

エイトを占めていると思う。7・8位決定戦には敗れたけれども、ベスト8に入れたということは選手にとっても大きかったと思うね」

翌65年、〝強いチーム同士が戦うリーグ戦をしなければ日本の強化につながらない〟というクラマーの教えに従い、日本サッカーリーグが創設された。中央大学卒業後、地元広島の東洋工業に入社した小城は、サッカー部の主力として活躍。東洋工業を初代王者に導くとともに、得意のPKを決め続け、66年にはミッドフィルダーでありながら得点王にも輝いている。小城の他にも、桑原楽之《くわはらやすゆき》、松本育夫といった代表選手を揃えていた東洋工業は、その後リーグ4連覇を達成し、黄金時代を築き上げた。

その間も、日本代表は海外遠征を重ね、国際経験を積み重ね続けていた。そして68年、クラマー招聘に始まった日本サッカー強化の集大成とも言える、メキシコシティ五輪が幕を開ける。

日本は初戦、釜本の3得点でナイジェリアに快勝。もはや日本は予選突破を目標としたアジアの弱小国ではなくなっていた。

〈ハーフタイム、メーンスタンド上段の一角がざわめいた。緑地に黒の民族衣装をつけたナイジェリアの黒人たちが素朴な音楽を太鼓とバチでやり出したのだ。しかし試合そのものは日本が六分四分で優勢、騒ぎたてるナイジェリア応援団に対抗して日本びいきのメキシコ人三十人余りが、〝ハポン、ハポン〟と叫ぶ。

これに力を得たのか後半は日本の攻撃が鋭くなった。きれいなパスが八重樫、杉山、釜本と渡ってリードを奪う。タイムアップ寸前には釜本が35メートルの豪快なシュートを決めハット・トリックを完成した。釜本はこの試合で全得点をマークしたわけ。「世界のアマの中でも超一流」と長沼監督がほめるのも無理のない活躍ぶりだった。

インタビュールームにはいってきた長沼監督、岡野コーチ、釜本、杉山両選手らの顔には〝勝った〟という興奮がない。

長沼監督は「勝因を一口に言えば、国際試合の経験だ」と簡単に片づけたあと「高地の影響はどこも同じだが、日本としては早めに来て慣れたのがよかった。問題は疲労の回復だ。八重樫が左スネを打撲したのが痛い。二日後にブラジル戦を控えているだけに苦しい」という。

しかし決勝トーナメント進出の可能性については「まず50パーセントは達成した。しかしこれからは相手が強くなるからね」と強気と弱気をまぜたような返事。

それにしてもナイジェリアのシュートが荒っぽかったのに反し、日本のそれには惜しいのがたくさんあった。それをいうと、釜本は口裏を合わせるように「あれがはいれば楽だったんですよ」と笑い飛ばした。

この日に備えて開会式にも出ず早くからプエブラ入りした用心深さが実ったともいえるが、日本サッカーの力は本当に上がったものである〉（昭和43年10月15日付・毎日新聞夕刊）

続くブラジル、スペインに引き分け、決勝トーナメントへ駒を進めた。小城曰く、メキシコシティ五輪に向けて日本代表は入念な準備を重ねていたという。

「メキシコは高地で酸素が薄い、酸欠状態になる。人間は疲れるけどボールは疲れないわけだから、ボールを動かそう、と。本大会前に一回チームで現地入りをして、酸欠状態をクリアするためにはどうしようか、ということを体験できたことは、大きかったと思うね。ブラジルとスペインには、A代表とはいえプロがいないわけですから、アマチュアだったら我々と同じレベルだろうと。南米のチームは、僕らは得意にしてましたから、気分的には楽だったよね」

準々決勝でフランスを下し、準決勝では東京五輪でも金メダルを獲得していた王者ハンガリーと対戦。だが、最終ラインを担当するようになっていた小城が2度ＰＫを献上し、5－0の大差で敗れてしまう。日本は銅メダルを賭け、開催国メキシコと3位決定戦で雌雄を決することとなった。

「ハンガリーは力がある、強いチームだと思ったね。東欧はプロアマの壁もないわけだから。僕の手に当たって、2回PKを献上したけれども、チームにとって大きな痛手だったとは思うね。ただ、その後クラマーさんが〝小城にはサッカーは手を使ってはいけないと教えてなかった〟〝手を使わなければ次の相手には勝てる可能性があるから気持ちを入れ替えて頑張れ〟という喩え話をしたのは覚えてます。〝3位というのはメダルがある、4位というのは何もないわけだから、3位という成績を残せば歴史に残ることだ〟とも言われましたね」

そして迎えたメキシコとの試合、日本は釜本の2ゴールで見事勝利。日本サッカー史上初の、そして未だ唯一の銅メダルを獲得した。6万人が詰めかけたアステカ・スタジアムの熱狂を、当時の新聞は以下のように伝えている。

〈大歓声にホイッスルがかき消されて聞こえない。黒シャツのレフリーが大きく手を振って試合終了を何回も示した。その瞬間、マンモス・スタンドからは赤、グリーンのフトンが雨あられと飛んだ。日本をほめたたえる座ブトンだ。白シャツの十一人は手をあげ、おどりあがり抱合った。控え選手、コーチが飛び出し、大変な喜びよう。長沼監督、岡野コーチのからだが胴上げされ、澄み渡った青空にマリのように踊った。

アステカ・スタジアムの3位決定戦は6万人の大観衆が見守る中で始まった。立上がり、日本はピンチの連続。ところが18分、快足杉山がマークするメキシコ選手を巧みにかわし、好機を釜本に回した。待ってましたとばかり〝黄金の足〟がひらめくとボールはゴール右すみに矢のように突き刺さった。観衆は口笛を吹き足を踏みならし、真っ赤になって怒り、太鼓がドンドン。

メキシコチームは六万人に怒られながら必死の反撃を繰返すが、やることなすことうまくいかない。39分、釜本2本目のシュートが真正面からまたも小気味よく決った。スタンドに「監督、お前はクビだ」という垂れ幕が下がりメキシコチームをしった激励するが徹底的に守備に回った日本陣営に切りこめない。

〝メヒコ、メヒコ〟の大歓声がいつの間にか〝ハポン、ハポン(日本)〟に変わった。「凡ミスを繰返すメキシコチームになんて応援するもんか。銅メダルはハポンにやれ」目の肥えたメキシコ・サッカーファンは手きびしくメキシコチームを責め立てた。

必死に反撃をするメキシコがシュートに失敗すると紙コップが飛び、座ブトンが投げられる。「メキシコはやめちゃえ、出て行け」とやけくそ。座ブトンがグラウンドにはいって試合は中断、また宮本輝がスタンドに蹴り込んだボールを観衆が返さないという一幕もあったが、結局2点の差でついにホイッスル。四年前やっと世界の一角に頭を出した日本サッカーが第一線におどり出たのだ。

「ここまでくればいうことはありません」と苦節六年岡野コーチは鼻をつまらせ「技術的には劣っていたが、気力でメダルをものにしました」と語った。ハンガリー戦で右足をけられ、青アザをつけた足を引きずって引揚げてきた釜本は「スカッとした」と一言。この試合ベンチをあたため、銅メダルの陰の功労者八重樫キャプテンは「ハンガリー戦の大敗にもめげず、バックが非常によくやってくれた。パスもよかった。杉山、釜本の名コンビで理想的な攻撃ができ、こんな気持のよい勝ち方をしたのは初めてだ」と目をうるませていた〉（昭和43年10月25日付毎日新聞夕刊）

「何度も言っているように、中南米の相手には苦手意識がなかった、プレッシャーを感じずに戦えたことは、大きかったと思うね。ここでも僕はPKを一本取られて、（GKの）横山謙三が防いで、助かったわけだけども。東京五輪でベスト8という基礎があったわけだから、それ以上の成績をクリアすることがチームの目標になった。その意味でも、東京五輪は日本サッカーにとって非常に大きなことだったと思う。楽な試合なんて一試合もなかった。試合が終わって宿に戻ったらすぐ寝ていたけど、今思うとあれは高山病だったのかもわからないね」

当時W杯はプロの大会、日本はアマチュアであったため、目標の重きは五輪に置かれていた。東京五輪のためにクラマーを招聘し、リーグが創設され、メキシコシティ五輪の銅メダルにつながった。多くの競技が東京五輪に向けて強化資金を投入し、結果も残したが、その後は緊張の糸が切れたかのように国際競争力を失っていった。

それに比べて、サッカーは東京五輪の遺産を礎に段階的な発展策を打ち出し、2002年には自国でW杯を開催。今やサッカーは日本で最も競技人口が多いスポーツとなった。もちろん、70年代から80年代にかけて〝日本サッカー冬の時代〟とも呼ばれた時期も経験したが、その歴史を振り返った時、東京五輪が日本サッカーにとって大きな転換点であったことには疑いの余地がないだろう。

やっぱり悲願は広島新スタジアム建設！

メキシコシティ五輪後、小城は日本代表に招集され続けていたが、1976年を最後に怪我のため現役を引退。翌77年から80年まで東洋工業サッカー部監督を務めるが、東洋工業の黄金時代は過ぎ去ってしまっていた。

「この頃はサッカーが東京中心になって、スカウティング、補強がうまくいかなくなってきて。その時に入った選手には申し訳ないけど、良い選手は中央に。これは地方にあるチームの弱点だったかもわからんね」

小城は東洋工業に定年まで勤務。退職後、広島県サッカー協会会長に就任し、二転三転する広島市内球場跡地へのサッカースタジアム建設に当たっても、度々行政と折衝を重ねている。

「できれば広島市内の中心にサッカースタジアムを作りたいんだけれども、僕らサッカー関係者がそう言うのは当たり前で。それ以外の人たちの気運が盛り上がっていかないっていうのが、一つの問題かなと思うね。〝スポーツ王国広島〟と呼ばれる中で、その一役を担うスタジアムに関して、一切前に進まないというのはどうなのかなと。

サッカーだけじゃない、広島は国体の成績も総合的に落ちているしね。スポーツっていうのは、平和じゃないとできないわけじゃないですか。聖火リレーも、五輪も、お金はかかる。でも平和の足しになるようなイベントだったらどんどんやっていけばいいと思いますよ」

64年9月20日、五輪の聖火は広島市内に届けられ、聖火リレーが行われた。中国新聞は、その様子を以下のように報じている。

〈目の前に〝平和〟がある。約六万人の歓迎の波がどよめいた。ギリシャのオリンピアを出発してまる三十日。動乱の中近東など十二カ国を経由した平和の火だ。わずかトーチ一本の炎だが、これには東西ドイツの苦悩も南北ベトナムの紛争もない。あるのはただ純粋な人類の願いだけだ。かつて八・六大会（筆者注：広島への原爆投下日に行われていた集会）にもこれほどの人は出なかった。〝平和〟への祈願がどれほど人類に必要なものかを実証したのだ〉（昭和39年9月21日付・中国新聞）

２０２０年東京五輪の聖火リレーでも、広島市内を通過することが計画されている。その時、我々の目に聖火はどう映っているのであろうか。

２０２０年８月６日、東京五輪では１９６４年当時はなかった女子サッカーの決勝が行われる予定だ。

［参考文献］
大貫哲義『不滅のサッカー王　釜本選手とその仲間たち』（大陸書房）
佐藤次郎『東京五輪1964』（文春新書）
今子正義『W杯サッカー日本の礎　原爆少年サッカー魂』（南々社）
加部究『日本サッカー「戦記」』（カンゼン）

Story 9

荒木敏明

Toshiaki Araki

密かに好成績を残した剣の貴公子

仕事が休めなくて五輪予選にだけは出場できなかったんです。

あらき・としあき

［フェンシング］
エペ個人 一次予選敗退 エペ団体 一次予選敗退

1942年5月31日生まれ。北海道歌志内《うたしない》市出身。北海道札幌南高校入学後、フェンシング部に入部し、フェンシングを始める。立教大学進学後、在学中に64年東京五輪に出場。以降2度のアジア大会、6度の世界選手権に出場を果たし、36歳の時に当時の新記録となる日本選手権11回の個人優勝を達成する。日本スポーツ賞優秀選手賞も2度受賞。引退後は様々な大学のコーチを歴任した後、現在はB&G財団の役員として沖縄で職務に就いている。

撮影協力：マリンピアザオキナワ

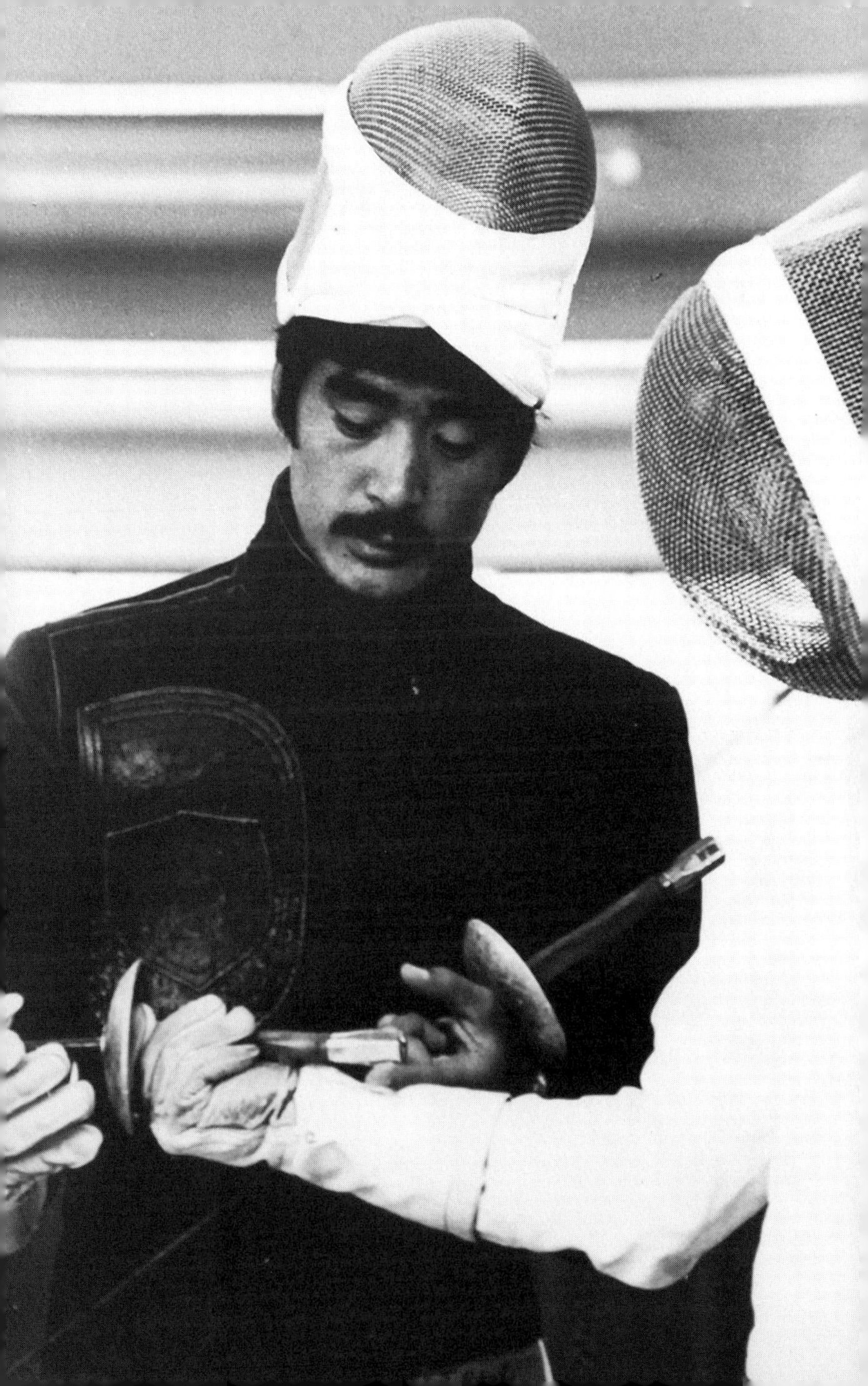

上：東京五輪開会式当日の予報は雨、開催が危ぶまれていた。
下：東京五輪を契機に日本フェンシング界の力は飛躍的に向上した。

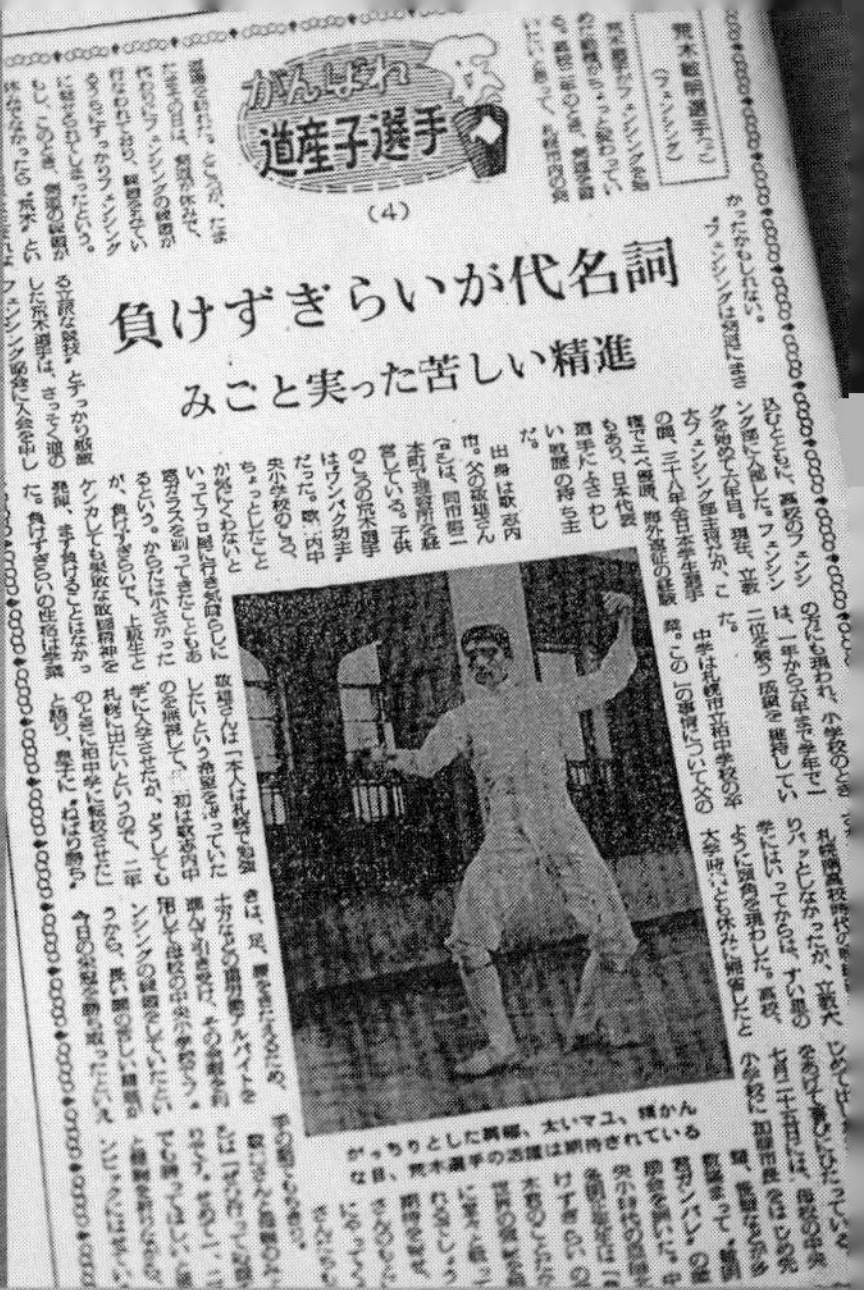

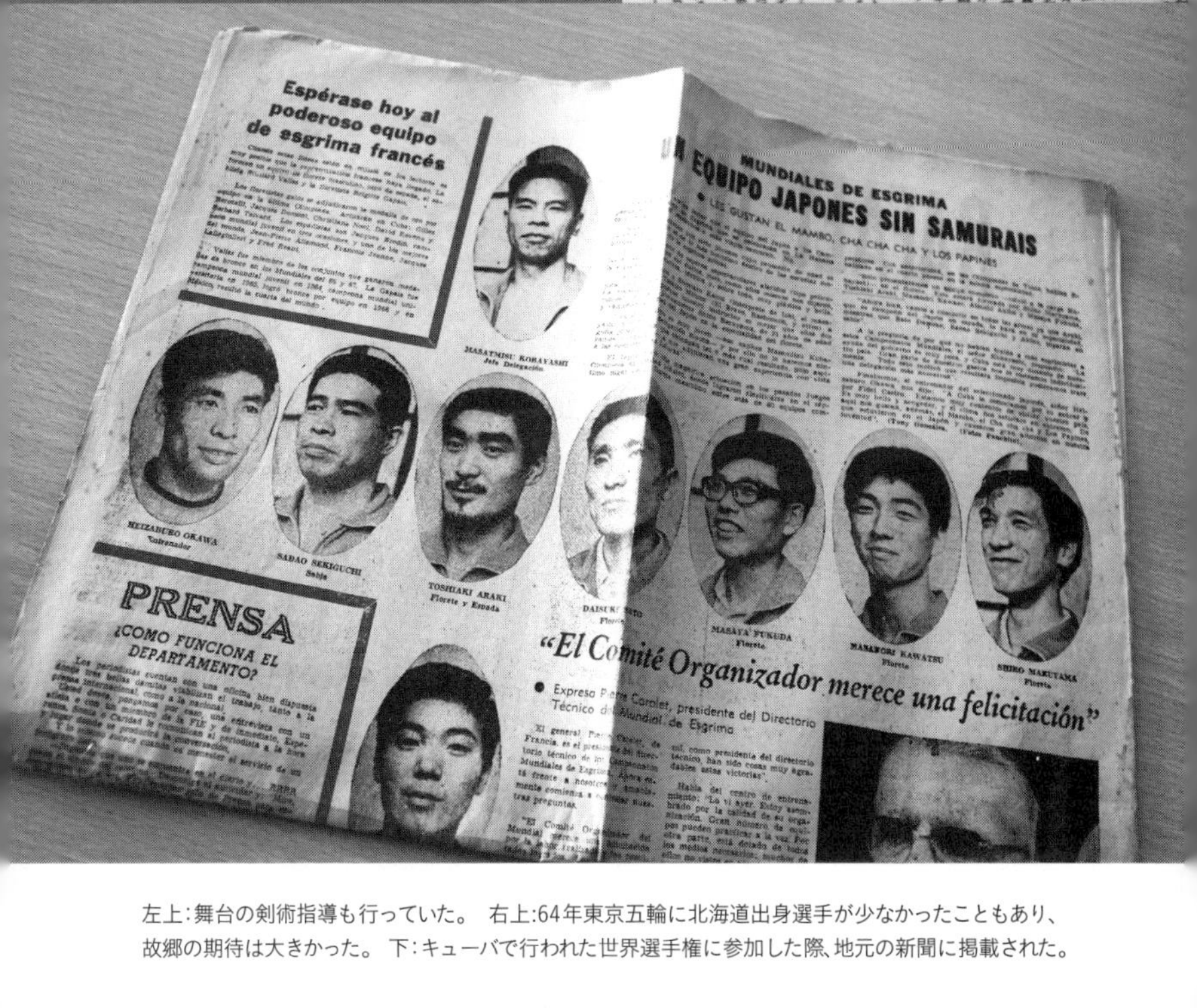

左上:舞台の剣術指導も行っていた。 右上:64年東京五輪に北海道出身選手が少なかったこともあり、故郷の期待は大きかった。 下:キューバで行われた世界選手権に参加した際、地元の新聞に掲載された。

競技生活を通じて日本選手権11回の優勝を果たし、新記録を樹立。最強の名を欲しいままにしていた。

スポーツにはチャンスを掴む競技と、そうでない競技がある。そして、五輪はその〝チャンス〟になりえる。

前者の代表例を挙げるならば、その筆頭はサッカーだろう。当時の日本ではマイナー競技の一つでしかなかったが、64年東京五輪のためにドイツ人指導者デットマール・クラマーを招聘。その指導が実り、日本はアルゼンチンを破ってベスト8に進んだ。翌1965年にはクラマーの教えに従い、Jリーグの前身となる日本サッカーリーグを設立。68年メキシコシティ五輪の銅メダル獲得という快挙を成し遂げただけに留まらず、以降も選手のプロ化や海外派遣を積極的に行い続けた。その継続的な〝投資〟の結果が93年のJリーグ創設であり、98年W杯初出場であり、2002年W杯日韓大会開催である。

競技人口でも野球を抜いたと言われ、今やサッカーをマイナースポーツと認識している日本人は誰もいない。小城得達の回でも触れた通り、サッカーの大きな発展の源流は、東京五輪にあることに異論はないだろう。2018年ロシアW杯の日本代表ベスト16進出でさえ、決して数年単位の強化の成果ではなく、東京五輪以降から連綿と受け継がれてきた強化策の延長線上にある。東京五輪主力メンバーであった釜本邦茂や川淵三郎の名前は、その後の活躍も手伝ってサッカーファン以外にもお馴染みである。

一方で、チャンスを掴めなかった競技もある。64年東京五輪で、フェンシング日本代表がフルーレ団体4位に輝いたことを、一体どれだけの人間が記憶しているだろうか？

「田渕（和彦）さんも大川（平三郎）さんも強かったですよ。田渕さんとはエペで勝ったり負けたり、大川さんとはフルーレでは勝てなかったな」

当時フェンシング日本代表としてエペで五輪に出場していた荒木敏明は、フルーレのメンバーたちとの交流を懐かしみながら、自身のキャリアを語り始めた。

インターハイ初戦敗退で火がついた！

荒木は北海道歌志内市出身。歌志内は元々アイヌの集落として知られ、その名もアイヌ語の「オタ・ウシ・ナイ」（砂浜・についている・川）に由来している。鉱山が発見されたことにより開発が進み、炭鉱の街として１９４８年には４万６０００人以上が居住していた。荒木はそんな活気溢れる場所で、名の知れたやんちゃ坊主として育った。

「両親は理髪店を経営していました。当時の歌志内は凄かったですよ、お祭りなんかすごい人で。住友の炭鉱でしたから、街に出入りしていた人も含めたらもっと人口は多かったでしょうね。今は人も少なくなって、寂しいものですけど。

小学校の時は剣道をやってて、友達と遊ぶ時もチャンバラで遊んでました。当時から僕は負けず嫌いでね、上級生と喧嘩して二人がかりで殴られたりすると、その人たちの家まで行ってガラス割って帰ってくるわけですよ。そしたら両親が自分の家のガラスを持って謝りに行って……。そんなガキ大将でしたね。

歌志内は炭鉱町だから、全国から働きに来る人がいる。祖母が飯場をやっていたんですけど、そこで東京や大阪から来たおじさんたちから都会のいろんな話を聞いて、もっと外の世界を見たいと思うようになって。北海道大学へ行って医者になりたい、そのために札幌の中学に行きたいと思うようになったんです。それで両親に無理を言って、中学の途中から札幌の学校へ転校させてもらったんです」

札幌へ移った荒木少年は、親戚の家に下宿しながら、北大入学を夢見て猛勉強を重ね、進学校として知られる札幌南高校へと進学する。だが不思議なもので、これが荒木とフェンシングを結びつけるキッカケとなった。

「高校に入学して、最初は剣道部に入ろうと思っていたんですね。ところが入部しようと思ったら、たまたまその日は剣道部が休みだった。そしたらフェンシング部はやってたから〝見てみようかな、小さい頃チャンバラ好きだったし〟と思って行ってみて。そこで勧誘されたんでやってみることにしたんです。人数少ないから、1年生の時から試合に出てましたね」

フェンシングは主に3つの種目に分類される。胴体への攻撃のみが有効となる、フルーレ。上半身のみの攻撃が有効となる、サーブル。頭の先からつま先まで全身への攻撃が有効になる、エペ。荒木は後に、このエペを主戦場とすることとなる。

「当時の札幌でも、フェンシング部は4校くらいありましたよ。用具もすでに今と同じで、センサー式の判定機が高校の部活でも導入されていました。その前は審判5人がかりで判定してて、誤審もすごく多かったらしいけどね。北海道だと他県との試合が組めないから、警察までフェンシングの出稽古に行ったりしていました。高校生の中では勝ててましたけど、大人にはなかなか勝てなかったですね」

〝剣士〟荒木敏明にとって最初の晴れ舞台は、高校3年の時に訪れた。札幌で開催されたインターハイに、道代表として出場している。

「両親も歌志内から見に来ていたし、札幌の高校生チャンピオンでしたから。〝よーし！〟と思って本番に挑んだら、個人戦も団体戦も一回戦でコロコロ負けて。本土の人たちはレベルが違った。〝これはもう勉強に集中しよう、北大入学に向けて頑張ろう〟と思っていたら、立教大学フェンシング部の乗松《のりまつ》良治さん、北海道の先輩なんだけど、その方から〝立教に来てフェンシングをやらないか？〟と誘われたんです。

一回戦負けが悔しかったんですよね、思わず〝ハイ！〟って返事しちゃったんですよ。本当に不思議な縁で、これがインターハイで二回戦や三回戦まで進んでいたら、逆にやらなかったと思うんです。北大に進んで、医者になっていたかもしれない。それで立教に進んだんですが、親父には相当怒られました。〝約束が違う！〟と。仕送りもしてくれなかったけど、裏でお袋がこそっと送ってくれましたね。ただ、その後フェンシングで勝ち出したら、親父もちょっとずつわかってくれるようになりましたけど」

ここまでのエピソードを聞くと、とても後のオリンピアンのそれとは思えない。立教大学入学後も、すぐに頭角を現したわけではなかった。

「大学入って〝4年後に東京で五輪があるから出るぞー！〟って言ってたんですけど、新人戦でもまた一回戦でコロコロ負けるんですよ。〝そんなんでオリンピックなんてよく言うな〟って周りには笑われてました。ところが2年生の後半くらいから急に勝てるようになって。

立教はOBや先輩に強い人がいて、彼らがコーチに来てくれていました。それとやっぱり勝ちたいから、朝晩走って、練習が終わって家に帰ってもイメージトレーニングをして、そういう練習の成果がやっと出始めたんですよね。3年生くらいの時に、〝これは来年の五輪に出られるんじゃないか〟と思い始めて。4年生の時に、成績が良かったフルーレとエペで大会に出たら、協会から〝エペで五輪に出てくれ〟と言われたんです。それで五輪に出ることになったんですよ。

開会式のことは今でも覚えています、国立競技場に入場した時の大歓声を聞いて、震えが止まらなかったですね」

もしかしたら、今後を見据えて急激に伸びてきた若手に経験を積ませる意味もあったのかもしれない。それでも荒木は、インターハイで1勝もできなかった地方の無名選手から、わずか数年で五輪代表までの階段を駆け上がったのである。北海道から東京五輪に出場した選手が少なかったことも手伝って、荒木は故郷の注目を一気に集めることとなった。では、フェンシングという競技が期待されていたかというと、そうではなかった。当時の毎日新聞がこのような予想を掲載している。

〈フェンシングは十三日から二十三日までフルーレ（男女）エペ、サーブル三種目の個人、団体戦が行われる。練習ぶりからみて、やはりポーランド、ソ連、フランス、ハンガリー、イタリアの欧州勢が強そうだ。いずれも最強メンバーをそろえ、世界の五強といわれるだけの要素をそなえている。ほとんどの金メダルが、これらの国で占められそうだ。

大川の活躍が期待できる男子フルーレ個人戦も、強豪がずらりとそろっているので、簡単に金メダルが大川の手にころげ込むとは考えられない。むしろ苦戦の連続といったほうが適切だろう。（中略）団体戦は参加国が十カ国しかないので、日本も第一戦さえ勝てば入賞できるのだが、それさえもむずかしいというのが現状のようだ〉（昭和39年10月13日付・毎日新聞）

だが先述の通り、この予想は大きく裏切られた。日本のエース・大川平三郎を筆頭に、田渕和彦、清水富士夫、真野一夫の4名で挑んだフルーレ団体は、金メダル候補の一角とまで予想されていたハンガリーをも破り、3位決定戦に進出。フランスに敗れ銅メダルこそ逃したが、ベスト4という快挙を果たした。

〈男子フルーレ団体戦で日本が四位に入賞した。その原動力は大川の安定した力、前日までの真野の活躍、この日の田淵の立ち直り、それに〝勝たなければ〟の気力だった。

一回戦は第三シードのハンガリー。3勝3敗で迎えた第七試合で大川が相手の切札、J・カムティに接戦のすえ勝った。これで4勝3敗、それにJ・カムティに勝って選手は〝いける〟の自信を高めたようだ。気力の盛り上がりも感じられた。

田淵が前日までとうって変って積極的に攻め、的確な攻撃で、ポイントを重ねた。一方この日の真野は動きが鈍かったが、清水とともに力いっぱいやっていた。この積重ねが入賞につながった。

これに比べ三位決定戦の日本は物足りなかった。疲れもあろうが、対ハンガリー戦で見せた気力も感じられなかったのは残念だった。しかし、希望の六位を上回る四位になったことは立派といえよう〉（昭和39年10月17日付・朝日新聞）

64年夏から招聘されていたフランス人コーチ、グリソニーでさえ〈来日したとき、まさか世界の四位に入るとは思えなかった〉（昭和39年10月17日付・読売新聞）というコメントを残すほど前評判が悪かった日本代表であったが、見事その実力と可能性を世界に示したのである。同記事でグリソニーは〈近い将来必ず金メダルをとれるだろう〉と続けている。

荒木は、個人・団体ともにエペで出場し、どちらも一次予選敗退に終わっているが、個人戦は3勝4敗とギリギリで勝ち越せずの惜敗。しかもそのうちの1勝は、時の世界王者であるイギリスのホスキンスから挙げた白星である。荒木個人にとっても、その高いポテンシャルを世に知らしめる五輪であった。

東京五輪直後、毎日新聞が、〝継続した「積極策」成果をあげた海外派遣〟と題して、フェンシングの施策を以下のように評価している。

〈フルーレの男子団体で、目標の六位を上回る四位入賞が果たせたのはなぜだろうか。メキシコへの対策はこの分析からはじめるべきだ。その解答として、だれもがまず〝国際的な選手強化〟をあげるだろう。具体的には、大川、田渕、船水を本場のフランスへ留学させたこと。つぎに、やはりフランスからグリソニー・コーチを招いたこ

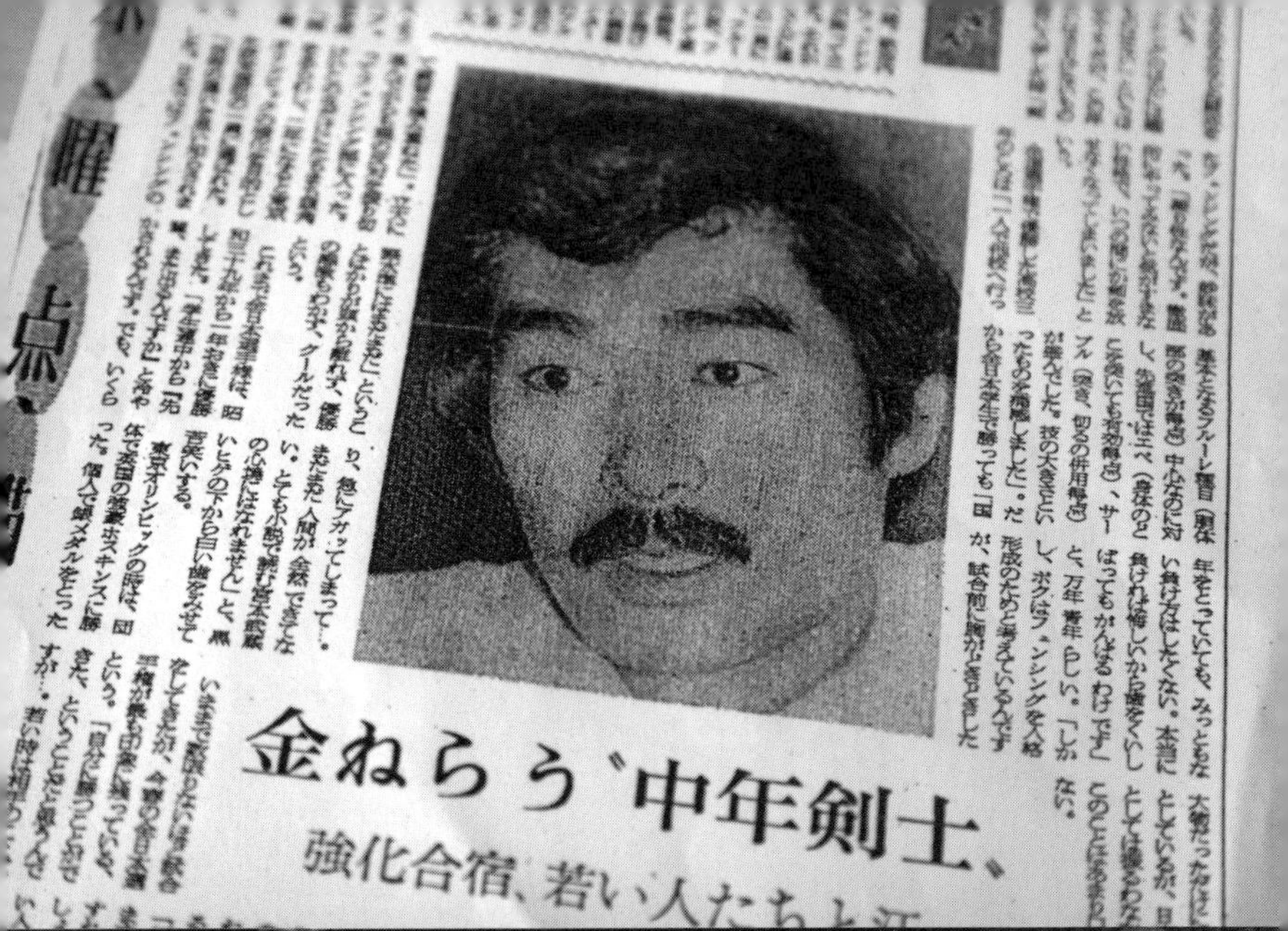

金ねらう"中年剣士、

強化合宿、若い人たちと汗

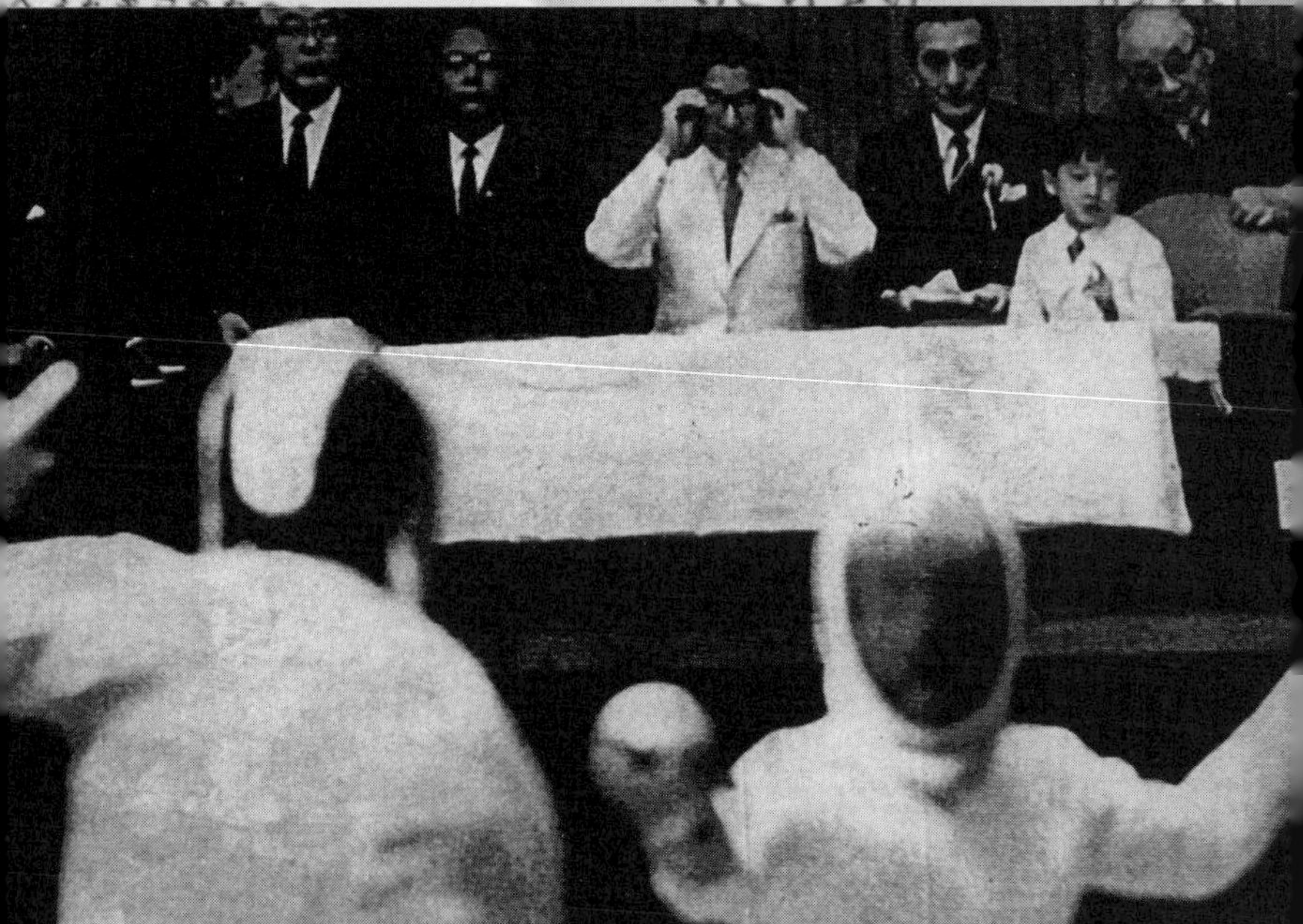

上:ベテランの域に入っても、荒木は第一線で活躍していた。
下:当時の皇太子殿下が見守る中、"御前試合"。

上：故郷歌志内市には、荒木の記念品が展示されている。
下：大学卒業後、国内では最強を誇るも、五輪にだけは出場出来なかった。

と。さらに国内では〝英才教育〟で真野、清水、戸田の力を伸ばし、これらの選手も世界選手権をはじめ、欧州遠征など機会あるごとに国外へ派遣して経験を積ませたことである。

ローマ大会でははじめて団体戦に出場し、簡単に敗退してからわずか四年間。「剣道ならともかく、西欧のチャンバラを日本人がやっても……」との批判を受けながらも一応成功といえるまでにこぎつけたのは、これらの積極策にほかならない。

フェンシングが日本人向きかどうかを考えてみると、牧総監督、飯田監督は「エペは外人との身長差がマイナスになる。だがフルーレ、サーブルは、すばやい動きと細かい技術の使える日本人に向いている」と語った。また、八種目のうち三種目の金メダルを獲得したソ連選手団は「日本がもう三年間今のような練習を積めば、われわれに追いつくだろう。その理由は日本選手にスピードがあるからだ」と指摘した。フランスのメルシュ技術委員も「日本が剣道を本格的に取り入れたらサーブルで金メダルを獲得する日も遠くない」といった。

これらがメキシコへのぞむための基礎資料だ。条件さえそろえば、フランス、イタリア、ハンガリー、ソ連、ポーランドなどの強豪たちと対等に戦え、メダルの獲得も可能な将来性のある競技だということである。

牧総監督は「いまの段階では、外国の強豪とまず試合を重ねることが一番の近道だ」とその必要性を強調している。外国勢の戦法、技術をすっかりマスターしたうえ、日本流のフェンシングをつくりあげようとのねらいにほかならない。飯田監督はさらにことばをつぎのようにつづける。

メキシコで金メダルをいくつも獲得するのはまだむずかしい。ねらいはそのあとの大会、つまり〝八年計画〟をたてたい。フランス、イタリアの伝統、さらにその伝統を追い越しているともいえるハンガリー、ソ連、ポーランドのトレーニング方式がほぼ明らかになった。これらを十分に検討し、それに日本の剣道を加える。イタリアはすでに八年計画をたて、東京大会が四年目にあたっていた。それで一個の金メダルも取れなかった。要するにこの積極策を取るかどうかにかかっている。体力増強のトレーニングも忘れてはならない。

日本のサーブル選手がその技術を外国選手の力でたたきつぶされたのは体力不足からくるものだった。フルーレの団体戦でもハンガリー戦で精根つき果てつぎの準決勝、三位決定戦ではバテて力が発揮できなかった。フェンシングにあう体力増強のトレー

ニング方式をただちに確立すべきだ〉(昭和39年11月6日付・毎日新聞)

荒木も、この記事に概ね納得した上で、東京五輪をこう総括する。

「飯田さんはそんなことを言っていたんですか。そうですね、その通りだと思います。私自身、世界王者にもなったホスキンスと剣を合わせましたが、そんなにすごいとは思わなかった。敗れた向こうの選手とも、それほど差が開いているとは感じなかったですね。ただ、経験の差だけは感じました。協会が大川さんや田渕さんをどんどんヨーロッパに行かせて、向こうで経験を積ませたことが、東京五輪でのフルーレ団体4位につながったんだと思います。協会が本気を出してお金をかけられたのは、東京五輪があったからでしょうね。それがなかったら、協会もとてもそんなことやれなかったと思います」

東京五輪終了直後、日本フェンシング界には、どれだけ明るい未来が見えていたのだろうか。

珍しい競技経験で芸能界とも関係が

東京五輪以降の荒木の経歴は、〝華やか〟の一言に尽きる。選手としては国内で圧倒的な力を誇り、全日本フェンシング選手権大会では日本記録となる11回の個人優勝を達成。エペだけではなく、フルーレでも優勝を勝ち取っている。国外の大会でも、ユニバーシアード大会に2度、世界選手権に6度出場。キューバの首都ハバナで開催された世界選手権参加時には、フィデル・カストロ議長主催の晩餐会に招かれた。キューバ美人とダンスをしたり、浴衣を着て〝サムライ〟と紹介される様子が、地元の新聞に写真付きで大きく紹介されている。

そして選手生活と並行して、荒木は意外な〝副業〟も行っていた。

「加山雄三さんの〝若大将シリーズ〟、それの『リオの若大将』という映画で、私は劇中の剣術指導のようなことをやっているんです。加山さんは一生懸命練習されていました。なんでそういうことをやるようになったかというと、縁があって六本木にある俳優養成所で講師をやるようになったんです。舞台で剣術を扱う作品もありますよね。ああいうのはちゃんと扱い方や動き方がわかっていないと危険ですから、これから俳優を目指す人に指導しに行くことがありました。それで『リオの若大将』にも声をかけてもらったんですが、舞台の剣術指導で呼んでもらうこともありましたよ。『危険な関係』で麻実れいさん、『ガラスの仮面』で大竹しのぶさん……、他にもいろんな方に剣術指導させてもらいました。大竹しのぶさんという人は、間近で見て本当にすごい女優さんだと思いましたね。運動神経が良いし、長いセリフもすぐに頭の中に入れるし、ビックリしました」

そんな数ある芸能人との交流の中で、荒木が思わずフェンシング界に声をかけてしまった人物もいる。

「(七代目)市川染五郎さん、今は(十代目)松本幸四郎さんと呼ばなきゃいけないのかな。舞台『ハムレット』で剣術指導させてもらったんですが、教えてみたら良い筋をしていてね。〝今から本気でフェンシングで五輪を目指さないか?〟と誘ってしまいました。本人は〝ハハハ、先生また冗談言って!〟と笑っていましたけどね。フェンシングに必要なのは敏捷性、反射神経、そして集中力。当時の市川染五郎さんには、それらが全て高いレベルで備わっていましたね」

幼少期から舞台に上がり、厳しい稽古をつけられることが当たり前の梨園の世界。歌舞伎役者たちの身体能力や剣を扱う技術が優れているであろうことに疑いの余地はないが、彼らをアスリートに転向させるというアイデアはなかなか思いつかない。もし十代目松本幸四郎にその意思があったら、史上初の梨園出身オリンピアンが誕生していたかもしれない。

これら東京五輪以降のエピソードを一聴すると、荒木のキャリアは順風満帆に聞こえる。だが、64年東京大会以外の五輪に、荒木は一切出場していない。エペだけでなく、〝日本人が向いている〟はずのフルーレでも日本一に輝いたにもかかわらず、である。一体なぜだったのだろうか、荒木はこう言う。

「その時その時で、細かい理由は違うんですけど、仕事が休めなくて五輪予選にだけは出場できなかったんです。大学を卒業して、広告会社に勤務したんですけど、会社を休むのにも限界がありますから。その後、東京五輪でフェンシング日本代表監督だった飯田雄久さんに誘ってもらって、東京体育専門学校で先生をやらせてもらうようになって、少し融通は利くようになったんですけど。ユニバーシアードとかなら国から補助金も出るんですが、一度海外遠征に行こうと思うと当時のお金で30～40万円くらい費用がかかります。それも自腹で、協会からはお金が出ないんですね。

当時は今よりも遥かにアマ規約が厳しくて、実は『リオの若大将』でもクレジットされていないんです。ギャラも受け取るとアマ規約に触れますから、報酬は受け取っていません。協会には〝フェンシングを広めることにもつながるし、ギャラを協会に収めて、それを選手たちの強化費に回しませんか?〟という提案をこちらからしたんですが、〝規約に触れるから〟と了解してくれませんでした」

オリンピアンたちが企業の支援を受け、広告塔となり、バラエティ番組にも出演する現在ではにわかに信じ難いが、これが当時のアマチュアスポーツの実態である。アスリートがその能力やパフォーマンスをもって金銭を受け取るということが、ほとんど認められていなかったのだ。東京五輪終了時に発表された、〝積極的にお金をかけて選手に海外での経験を積ませればミュンヘン大会でのメダル獲得も可能〟という飯田監督の青写真は一切実現することはなく、選手強化は東京五輪以前のふりだしへ戻ってしまっていた。

「〝荒木はいつまで現役をやるんだ?〟とも言われたけどね、80年モスクワ五輪の予選は通過していたんですよ。それで〝今度こそ五輪に出られる〟と思ったら、日本がボイコットすることになってね。日本選手権の記録も塗り替えたし、それでもうサッパリ引退することにしたんです。もしメキシコやミュンヘンの時に予選に出られていたら? そうだね……、多分勝てていたと思うな。でもね、五輪に出られなかったから、日本選手権の記録を越えようという目標を立てて、それを達成できたと思うんですよ。引退してしばらくした後、縁あって沖縄の健康科学財団を手伝ってくれと言われて、本部村《もとぶ》（現・本部町）に移ってきました。日本人が老後に移住したい街のベスト3は北海道、東京、沖縄らしいんですね。私はその全部に縁がある。本当に自分は幸福だと思ってるんです」

引退したアスリートたちからは、後悔の念を強く感じることが多い。もっと練習していれば、もっとサポートを受けられれば、自分はもっといい成績を残せたのではないか？　そんな想いが現役引退後の活動の原動力になっているケースも多々あるので、必ずしもマイナスなわけではない。

だが、荒木は一切過去のキャリアを引きずっていない。いくらでも他人のせいにできるのに、今でも背筋を伸ばし、現役時代と変わらぬ口髭を揺らしながら、楽しげに選手生活を振り返っている。そんな気持ちの良い気質の持ち主だからこそ、キューバで人気者となり、大物芸能人たちの剣術指導という難しい役割にも抜擢されたのだろう。

日本フェンシング協会は、２００４年アテネ五輪以前から太田雄貴《ゆうき》をはじめとした若手3選手を積極的に海外遠征に送り、国際試合での経験を積ませた。その〝投資〟が結実し、08年北京五輪にて太田雄貴がフルーレ個人で銀メダルを獲得。東京五輪での4位入賞から44年を経た、日本フェンシング界待望の、初の五輪メダルであった。それはもしかしたら、もっと早く荒木がもたらすことができたメダルだったかもしれない。だが、何かを始めるのに遅すぎるということはないだろう。

太田は16年に現役を引退、17年には史上最年少の若さで日本フェンシング協会会長に就任した。18年の全日本選手権はポスターを写真家の蜷川実花《にながわみか》氏に依頼した成果も手伝ってか、チケットは発売開始から3日間で完売。若き太田会長の手腕に注目が集まっている。

荒木は最後に、2020年東京五輪を目指す若手剣士たち、そして太田雄貴会長へこんなエールを送った。

「選手たちにはね、礼儀を大事にしてほしい。最初の礼やマナーがフェンシングでは一番大事なんです。太田会長には、フェンシングをもっとメジャーにして、競技人口を増やしてほしいですね。今は小学生でもフェンシングをやる子が増えてきた、欧州だと小学校からやるのが当たり前ですから。日本のフェンシングはこれからどんどん強くなると思いますよ」

スポーツには、チャンスを掴む競技と、そうでない競技がある。そして、五輪はその〝チャンス〟になりえる。フェンシングは、２０２０年東京五輪をさらなる飛躍の機会とできるのであろうか。

Story

10

馬淵かの子

Kanoko Mabuchi

オリンピック3大会に連続出場した飛び込み選手

私は、東京五輪は失敗だったと思ってますよ。

まぶち・かのこ

[飛込] 女子飛板飛込 7位

1938年1月6日生まれ。兵庫県神戸市出身。旧姓・津谷《つたに》。松蔭《しょういん》女学校(現・松蔭中学校)入学と同時に始めた飛び込みで、瞬く間に頭角を現し、16歳で日本代表としてアジア大会に出場。「飛板飛込《とびいた》」「高飛込」の両競技で銅メダルを獲得した。その後56年メルボルン、60年ローマ、64年東京と3大会連続で五輪に出場。一度は引退するも産後に現役復帰し、再び日本代表として活躍した。2度目の引退後、同じく飛び込みの選手であった夫の馬淵良とともにJSS宝塚スイミングスクールを立ち上げ、実子の馬淵よしの、寺内健をはじめ、飛び込みで数多くの五輪選手を輩出。現在も同スクールで指導に当たっている。

上:大学在学中に飛込日本代表として五輪に出場。
下:遠征費用が潤沢ではなく、限られた人数での海外遠征を強いられていた。

56年ヘルシンキ五輪飛込日本代表メンバーの集合写真。

夫の馬淵良とシンクロを飛ぶこともあった。良は東京五輪でコーチを務めた。

五輪に投資は付きものである。主に64年東京五輪のレガシー（遺産）として、ホテル、上下水道の拡充や、東海道新幹線の開通が挙げられることからもそれは明らかだろう。だが、五輪で行われるのはスポーツであり、当然各競技にも多額のお金が投入される。

64年でも、２０２０年でもそれは変わらない。東京五輪というキッカケがなければ、新国立競技場に始まる各種スポーツ施設が建設されることなど、到底叶わなかっただろう。それは主役である選手にも当てはまる。東京五輪に向けて、現在スポーツ庁は年間１００億円以上を強化費として各協会に配分している。64年当時も、同様の方策が立てられていた。「飛込」で出場した馬淵かの子も、その恩恵を受けたオリンピアンの一人であった。

「神戸から（滋賀県の）草津までタクシーで移動したこともありましたよ。あの時はお金があったんでしょうね。夫がコーチも担当していましたから、東京五輪が終わったらひと財産残りましたよ。合宿中は夫婦揃って、泊まる場所も食事も出てましたから」

「飛込」は日本で間違いなく〝マイナー競技〟の部類に入る。おそらく、五輪以外で目にしたこともない人がほとんどだろう。そんな競技に馬淵が出会ったのは中学生の時、まだ神戸という街が戦争から立ち直りかけている最中であった。

「母親から〝あんたは松蔭へ行くんやで〟って言われて、試験を受けて松蔭女学校（現・松蔭中学校）に入りました。そしたらそこに飛び込みプールがあってね、飛込部もあったんですよ。私ね、泳げなかったんです。小学生の頃はまだ戦争が終わったばかりで神戸は焼け野原でしたから、学校にプールがなくて、水泳の授業で須磨海岸まで行ってたんですね。あそこには飛び込める場所があって、だけどそこまで泳げなかったから、悔しい思いをしながら飛び込む人たちを見ていました。そしたら中学校に泳がなくても飛び込める台があったから〝こりゃあいいわ〟と。始めたのは単にそんな動機です」

「飛込」の種目は大きく二つに分かれる。飛び込み台から飛び込む「高飛込」、そして弾力性のある板から飛び込む「飛板飛込」である。

「飛び込みはまず柔軟から始めるんです、最終的には柔軟性が必要ですから。それから基礎を習うために、1メートルの低い飛び板から始めます。これは今でもそうです。松蔭のプールは立派でしたよ。流石に10メートルのプールはなかったですけど、5メートルのプールはありましたし、飛び板でも3メートルと1メートルがありました。もちろん飛び込みのためにプールの深さもあって。当時の関西で、松蔭以外にはそんな設備はなかったと思いますよ、他の大学の水泳部や、52年ヘルシンキ五輪の選手も練習に来てましたから。第一、プールどころか水着もありませんでした。みんな親に毛糸で編んでもらって、縮んで着られなくなるまで使ってましたよ」

戦後間もない時期ながら、恵まれた競技環境下にあった馬淵は、瞬く間にその才能を開花させる。競技を始めてたった4年目、16歳で日本代表として54年アジア大会に出場。3メートル飛板飛込、10メートル高飛込の2種目で銅メダルを獲得した。

「それはもう夢のようにうれしかったですよ。飛び込みは私の性格にも合ってたんでしょうね。積極的で、目立ちたがり屋、少し変わった、そんな子じゃないと続かないんです。スクールで飛び込みに誘うのも、そういう子が多いですね。松蔭でも、一緒に始めた中で私以外はほとんどやめていきました。アジアのレベルは当時はそんなに高くなかった。中国なんてまだ影も形もなかったです」

中学3年で網膜剥離！ 過酷な競技人生

アジア大会で結果を残した馬淵は、大学1年生で迎えた56年メルボルン五輪にも日本代表として出場を果たす。母校である関西《かんせい》学院大学水上競技部の公式サイトにも、〈津谷鹿乃子（現：馬渕かの子）が高飛込みで日本選手権を制覇し、オリンピック（メルボルン大会）に出場する〉と書かれている。だが、進学先に関してはいろいろと〝大人の事情〟が潜んでいたそうだ。

「関学（関西学院大学の略称）に進学予定だったんですけど、練習はどうせ松蔭のプールでやるんですよ。それでメルボルン五輪の時、ちょうど松蔭が短大を作ったんですよね。私は当時高校卒業してすぐ五輪に出るというので有名でしたから、それで松蔭から〝このままあなたが関学に進んで五輪に出ると、手柄が全部関学のものになってしまうから、一旦松蔭の短大に在籍して、メルボルン五輪が終わってから関学に編入してくれ。関学とはもう話をつけてある〟って言われて。松蔭の先生にはお世話になってたし、それだったらしょうがないなと思ってその時は松蔭の短大に進みましたよ。関学のサイトにはそうやって書いてあるんでしょ？ みんないい加減よね」

様々な期待と思惑を背負って出場したメルボルン五輪。18歳での初出場ながら決勝まで進み、飛板飛込8位、高飛込10位という上々の成績を残している。特に飛板飛込は6位までたった4点差、入賞まで紙一重であった。だが馬淵は初出場の五輪をほとんど覚えていないそうだ。

「向こうに行くまでの飛行機がしんどかったんです。36時間くらいかかってね。今だったら直行便がありますけど、給油のために何度も降りなきゃいけないし、プロペラ機だから高度が低くて揺れるし気圧の影響も強いから、耳も痛めて着いた時には選手みんな疲労困憊ですよ。それで翌日から練習だから、調子悪いわ調子悪いわ。あれはちょっと当時の監督やコーチの勉強不足だったと思います。

そのせいか、飛び込みで一緒に出ていた弘世初子さんが現地の早朝練習で頭ぶつけて怪我してしまいましてね。ショックでしたね、あれはコーチの責任だと思います。あんな状態で練習したらそりゃあ怪我しますよ。飛び板では6位まで4ポイント差だったみたいですけど、それもあんまり覚えていないんですよね。〝冷たいプールやったわあ〟。それくらいですね。

ただ、当時は今みたいに大会翌日にネットに成績が上がったりっていうこともない、とにかく情報がない時代でしたから、実は自分たち日本代表が世界の中でもそこそこのレベルに行ってたこともあんまりわかっていませんでした。だから代表の監督さんも〝もうちょっと情報があればなあ〟って悔やんでいらっしゃいましたね」

当時の代表チームは、20代半ばの選手中心で構成されており、馬淵は60年ローマ五輪でもエースとしての活躍が期待されていた。しかし、飛び込みは最大10メートルの高さから落下を繰り返す、見た目以上に身体に負担のかかる過酷な競技である。この時点で、馬淵もいくつかの問題を抱えていた。

「まず眼ですね、網膜剥離《もうまくはくり》。中学3年の時からで、〝片目でよくやってるね〟ってよく言われました。それと、左肩に脱臼癖があって、騙し騙しやってたんですよ。それもあって高飛び込みが嫌で、本当は飛び板飛び込み一本でやりたかったんです。でも、監督からはダメだと言われて、両方練習してました。それでうまくなるわけないですよね、嫌々やってるんですから。

代表の監督たちは私に高飛び込みの資質があって、そっちの方にチャンスがあると思って練習させていたんだと思うんですけど、実際は飛び板の方が世界のレベルは低かった。でも当時は国際大会も頻繁には行けないし、情報もないからそれもわからなかったんですよね。それと、予算の問題もありました。選手を何人も派遣することができなかったので、一人が何種目も掛け持ちしなきゃいけなかったんですよね」

決して万全で迎えたわけではなかったローマ五輪、高飛込は11位と前回大会よりも低調な成績で競技を終わっている。だが、得意の飛板飛込では、準決勝2回目を終え、なんと3位につけていた。しかし——。

〈女子飛板飛び込み準決勝は前日の予選四種目に引きつづき三種目を行った。（中略）日本の津谷は二回目までは三位という好調ぶりであわよくば……と思われたが、三回目の「うしろ宙返り一回半のび形」でふみきりが悪く、回転のタイミングもくずれて大失敗を演じ、回りたりずに背中から落ちた。このため貴重な得点を失って最下位、決勝の望みを断たれた〉（昭和35年8月28日付・読売新聞）

「私いっつもそうなんです。うまく飛ぼうと思ったんでしょうね、普通に飛べばいいのに。メルボルンでそこそこ戦えたから、ローマでは入賞できると自分も周りも思ってました。でも、自分たちより周りの器の方が大きかった、ということよね」

結果は失敗に終わった60年ローマ五輪であったが、その後も馬淵のモチベーションは途切れていなかった。４年後の自国開催となる東京五輪では、念願であった飛び板飛び込み専任での出場が認められていた。高飛び込みで若手に経験を積ませるため、そして国内開催なので掛け持ちの必要がなくなったからである。

同じく飛び込み男子日本代表で、メルボルン五輪でチームメイトであった馬淵良と結婚したのもこの時期であった。結婚を機に、それまでの〝津谷鹿乃子〟から〝馬淵かの子〟へ登録名を変更している。それにはこんな理由があった。

「忙しくて他の世界の男と知り合うチャンスもありませんから、限られた中で、近場でみんな賄うしかないんですよ。体操だってみんなそうでしょ？ そしたら両親が〝あんた馬淵さんと結婚せんでよろしい、「馬淵鹿乃子」で「馬鹿の子」になる‼〟ってしょうもないことで反対されて。そんな理由で結婚に反対する親います？〝それやったら平仮名にするわ〟って、それで改名したんです。免許証とかは漢字ですけどね。ただね、当時の水連の会長が結婚式で祝辞をしてくれたんですけど、〝お願いだから子作りだけは東京五輪が終わってからにしてください〟って言われてね。みんな笑ってましたけど、私はショックでしたよ。その時は作る気もなかったし、東京五輪も出る気でしたけど、今だったらあれはパワハラですよね」

前述の通り、夫の馬淵良はコーチも担当し、夫婦二人三脚の体制で迎えた自国開催の東京五輪。得意の飛び板飛び込みに専念し、入賞が確実視されていたが、ここで馬淵は悲運に襲われてしまう。ソ連の選手が指定されたものと異なる演技をしてしまったことが発端となり、騒ぎは起こった。

〈水泳第一日の女子飛板飛込み予選の午後の部で、審判員の解釈に納得できない場面があった。

ソ連のエレナ・アノヒナ選手は四番目の飛び込み（後踏切前飛び）を〝エビ型〟でうまく飛び、平均7・5点くらいの高い得点が出た。ところが申込は〝伸型〟となっており、審判員にもう一度採点のやり直しが命じられた。日本の柴原、米国のリー審判員は零点、ドイツ、南ア、英国、メキシコの審判員も二点から四点までの低い点をあげた。

ところがソ連の審判員だけは前回どおり八点をあげた。得点は最高と最低を除いた残り五人の点を平均するので、ソ連の審判員の点は除かれ、得点は3・5という低いものとなり、アノヒナ選手は大きく後退した。

申込書には伸型は「A」、エビ型は「B」と書くようになっている。ソ連の監督の手落ちと思われるが、アナウンスが日本語と英語だけのため、アノヒナ選手には誤まって申し込んだことがわからなかったのだろう。しかし七人の審判員が申し込んだ型で飛ばなかったのに気づかず採点のやり直しを命じられたのもちょっとおかしい。いずれにしてもあと味の悪い出来事だった〉（昭和39年10月12日付・毎日新聞）

これによって、ソ連・アノヒナ選手の決勝進出の道は絶たれたのだが、騒動はこれで終わらなかった。なんと採点に納得のいかないソ連監督が、その他のソ連選手も巻き込んでボイコットを図ったのである。当然競技は中断し、急遽国際水連とソ連との話し合いが持たれ、その末にアノヒナの採点は3・5点のまま、ただし彼女を決勝にも進出させるという超異例の措置が取られた。そして、アノヒナの直後に飛ぶのが馬淵だったのである。

「数十分待ちましたかね、テレビ中継もあったのにそれも中断して。いつ始まるかわからないからトイレも行けない、イライライライラして。五輪だから運営も国際水連なんですよ、当時は英語ができる人も少なかったから、何が起きて事態がどう動いているのかも日本側はほとんどわからなかった。特に選手なんて競技場で準備しているから何もわからなかったですよ。東京五輪では、会心の飛び込みをした記憶がないなあ。あがってもいたんでしょうね、拍手喝采で迎えられたことなんて、それまでなかったですし」

結局このトラブルが尾を引いて、馬淵は7位で自身最後の五輪を終えた。入賞は逃したものの、自身最高の成績を残せたのも自国開催の東京五輪であった。〝たられば〟はアスリートに失礼ではあるが、もしもっと早く飛び板に専念できていれば、ソ連のトラブルがなければ……。本人にも悔しさはあっただろうが、馬淵はこの大会を最後に一旦競技生活から退くことになる。

「東京五輪の後は引退して、子ども二人産んだんです。でも出産でちょっと太ったから、ダイエットしようと思って練習したら結構うまく飛べて。大会出てみたら勝って、日本選手権出てみたらまた勝って。〝こらおもろいわ〟と思って、結局そこからまた6年続けましたね。母親になって心も強いから、負ける気もしない。楽しいんだもの、やりたくてやってるから。東京五輪の時は嫌で嫌で〝早よやめたい〟と思ってましたけど」

復帰後も国内で無類の強さを誇った馬淵は、70年バンコク、74年テヘランのアジア大会にも2度出場し、それぞれ金メダルと銅メダルを獲得している。だが、それと同時に馬淵の中に幾つかの懸念が芽生え始めていた。

「74年のアジア大会で中国が一気に出てきたんです。中国の飛び込みはシステムがしっかりしていて、まず優秀な子どもを見つけたら子どもだけでなく親にもお金を払う。これなら一人っ子でも文句言いませんよね。そしてコーチもプロで、指導のレベルが高く、（中国の）各省がそれぞれ管理しているから、安定して強い選手を出せているんです。それと東京五輪以降、日本の飛び込みのレベルが上がっていなかったんです。復帰しても東京五輪のために強化費で合宿をたくさん張られた私たちの世代が一番強いままで、次の世代が育っていなかった。

東京五輪まではお金がたくさん出て海外遠征もたくさんさせてくれたのに終わった途端にカターンとなくなって。それからこれは偶然なんですけど、東京五輪に出たグループがみんな一斉にやめてしまったんですね。それで一気にレベルが下がってしまった、後が続かなかったんですね。私は、東京五輪は失敗だったと思ってますよ。後がちゃんとつながるようにしなきゃいけなかった。〝東京五輪さえよければ〟という考えで、選手だけに強化費を使ったんでしょうね」

指導者からスクール経営、個人で競技者を育成する理由

馬淵は競技生活と並行して指導者として活動を続けながら、76年モントリオール五輪の直前に2度目の引退。同大会にはコーチとして帯同した。そして全ての経験を活かし、馬淵は夫とともに行動を起こす。飛び込みプールが併設された、完全私営のJSS宝塚スイミングスクールをオープンしたのである。実現に向けて、馬淵は各所を回って説得を続けたそうだ。

「ここのオーナーさんや地主さんに〝こういうプールを作れば五輪選手ができるよ〟っておいしいことを言い続けて。でも、私約束は守ってるんですよ。娘のよしの（馬淵よしの、84年ロス五輪飛込日本代表）が五輪に出た時もこのスクール所属で出ましたし、それから毎回五輪選手を出しています。

飛び込みのプールは深さがあるから、結局競泳用のプールと同じくらい水量が必要になるんです。お金がかかるんですよ。ウチは競泳の会員さんが2000人いるからその会員費で利益が出る、飛び込みのプールも維持できる、お金を生んであげないといけないんですね。公営のプールは照明一つ点灯するのもうるさいし時間の制約もあ

りますけど、ウチはやりたかったら別に夜中でも練習できますから。西宮にも飛び込み台のついた立派なプールがありましたけど、なくなってしまいました。公営は上の体制が変わったらどうなるかわからないですよね」

98年に長野で開催された冬季五輪に合わせて、長野市内にボブスレー・リュージュ・スケルトンの競技施設〝スパイラル〟が建設された。だが2017年4月4日、高額の維持費がネックとなり、同施設の休止が発表された。問題はスパイラルがこれらの競技国内唯一の競技場であり、練習場でもあったことだ。現役選手の練習場所確保に留まらず、後進の育成や競技の存続に関わる危機が噂されている。2020年東京五輪でも、クライミングのような新設競技をはじめ、多くのスポーツのために新しく施設が建設される予定だ。しかし、果たして幾つの施設が永く運営されていくのだろうか。

馬淵はスクール創設後、中国から日本に留学していた馬淵崇英《すうえい》と出会い、飛び込み専任コーチとして自身のスクールに迎え入れた。本場中国で飛び込みの訓練を受けた崇英は日本に帰化をする際に馬淵の姓をもらったが、馬淵かの子と血縁関係はない。瀬戸大也《だいや》の妻であり、飛び込みで活躍した馬淵優佳《ゆか》は崇英の娘である。だが、血縁以

上:2人の娘も飛込選手に。馬渕よしのは84年ロス五輪に出場した。　左下:飛込の次代を担うJSS宝塚の子ども達。　右下:飛込の本場中国の施設を参考に作られたトレーニング機器の数々。

上の強い信頼関係で、かの子と崇英はつながっている。

「施設も大事です、でもそれ以上に大事なのは指導者ですよ。崇英さんは間違いなく日本で一番の指導者です、私を含めて日本人の指導者には教えられない空中での動きも、あの人にはできます。うちのトレーニング設備も、全部崇英さんが中国まで行って縮尺も測って持ってきてくれているんです。飛び込みはお金になりません。だけどうちには崇英さんだけじゃなく飛び込みのコーチが他にも数名いますが、全員スクールから給料を出しています。平日は別の仕事をして、土日だけ手弁当で指導に当たる、そんなコーチの下で、世界と戦える強い選手が育つわけがない。そんなコーチの下でやる選手も可哀想です」

馬淵崇英コーチをトップに、育成のシステムを整えたJSS宝塚スイミングスクールからは、ロス五輪以降も寺内健、馬淵優佳（馬淵崇英の実子）、板橋美波《いたはしみなみ》ら、途切れることなく五輪選手を輩出し続けている。

馬淵の話を聞いて思い出すのが、第71回カンヌ映画祭で最高賞パルムドール賞を受賞した是枝裕和《これえだひろかず》監督の言葉だ。

〈若手への支援とか、海外進出へのサポートがもっとあってしかるべきです。〃クール・

ジャパン〟と言って、公的資金を使ってカンヌ映画祭で、くまモンと一緒に写真を撮っている場合ではない。それで日本の文化を海外に発信しているつもりになっているとしたら情けないことです。そのお金で若手の映画監督たち100人に、あの映画祭を経験させられますよ〉（2016年11月28日付・現代ビジネス）

何かに税金を投入するならば、当然その業界の外にいる人間も納得させなければいけない。施設や、キャラクター、何か目に見えて形あるものが遺れば、確かにそれはわかりやすいかもしれない。ただ、〝人を遺す〟、形のないものを遺すという発想が、行政だけでなく日本人それぞれにも、もう少しあってもいいのではないだろうか。

〝東京五輪は失敗だった〟と馬淵は言う。だが、馬淵のような指導者が遺せただけでも、それは64年東京五輪の成果と言えるだろう。ただし、それはあくまでも馬淵個人の資質によるところが大きく、偶然の産物だったと言って差し支えない。

2020年東京五輪に向けて、また様々な施設が建設され、東京に大きな変化が加わると思う。20年以降に何を遺すのか、どれだけの人間がそれを考えながら動いているのだろうか。

20年東京五輪には、JSS宝塚スイミングスクールから16年リオ五輪に続き、板橋美波の出場が有力視されている。64年東京五輪からのタスキを受け取った彼女の演技を、馬淵は心待ちにしている。

「板橋さんは本当に才能があるし、頑張っていますけど、彼女一人が頑張っているわけではなく相手もいますからね……。世界と日本との差はどんどん開いています。でも、飛び込みのメダリストをこのスクールから出す、これは私の夢ですね。車いすだろうが何だろうが、2020年東京五輪には這ってでも観に行きますよ」

カラカラと乾いた笑い声をあげ、取材がひと段落ついた後、馬淵はスクールを一通り案内してくれた。その途中で、すでに飛び込みのトレーニングを積み始めた小学3年生の男子スクール生を紹介してもらった。

「ウチの宝物なんです」

飛び込みの次代を担う少年を見つめる馬淵の眼差しからは、〝人が人を育てる〟という真っ当な事実を痛感させられた。

Story

11

山本晋也

Shinya Yamamoto

五輪を撮り、ピンク映画の巨星となった監督

『東京オリンピック』っていう映画はプロパガンダになっていなかった、流石市川崑だよ。

やまもと・しんや

1939年6月16日生まれ。東京市神田区出身。本名、伊藤直《いとうただし》。63年に日本大学芸術学部を卒業後、日本教育テレビ(現・テレビ朝日)のADを経て、岩波映画製作所へ。市川崑監督『東京オリンピック』の撮影にスタッフの一人として参加する。65年『狂い咲き』で初監督を務め、以降ピンク映画を中心に250本以上の映画を監督。テレビ朝日「トゥナイト」のリポーターをはじめ、80年代以降はタレント・ジャーナリストとしても活動している。

TOKYO 1964
PHOTO & FILM

映画公開当時発売されていたパンフレット、今では高値で取引されることもあるプレミア品である。

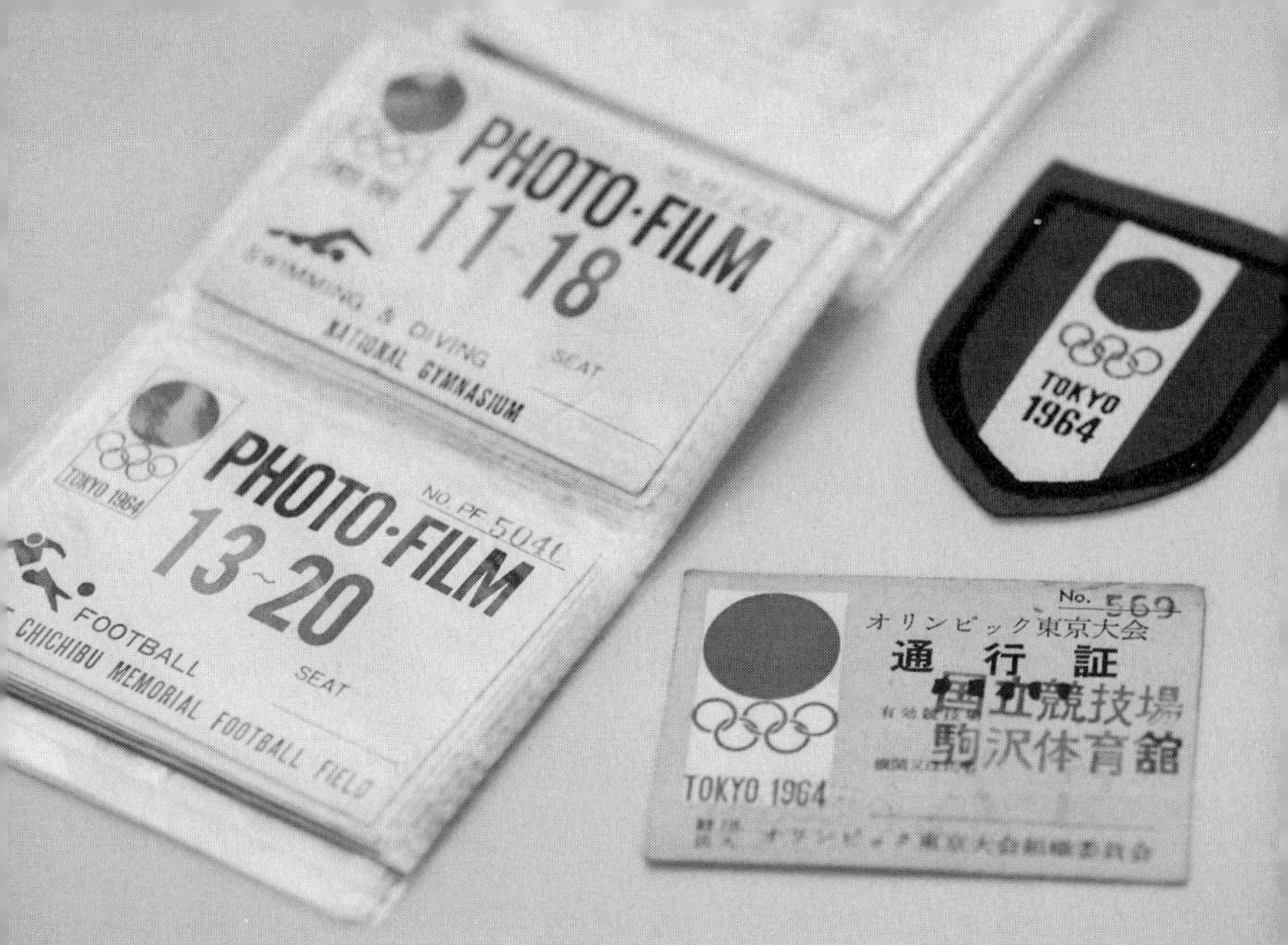

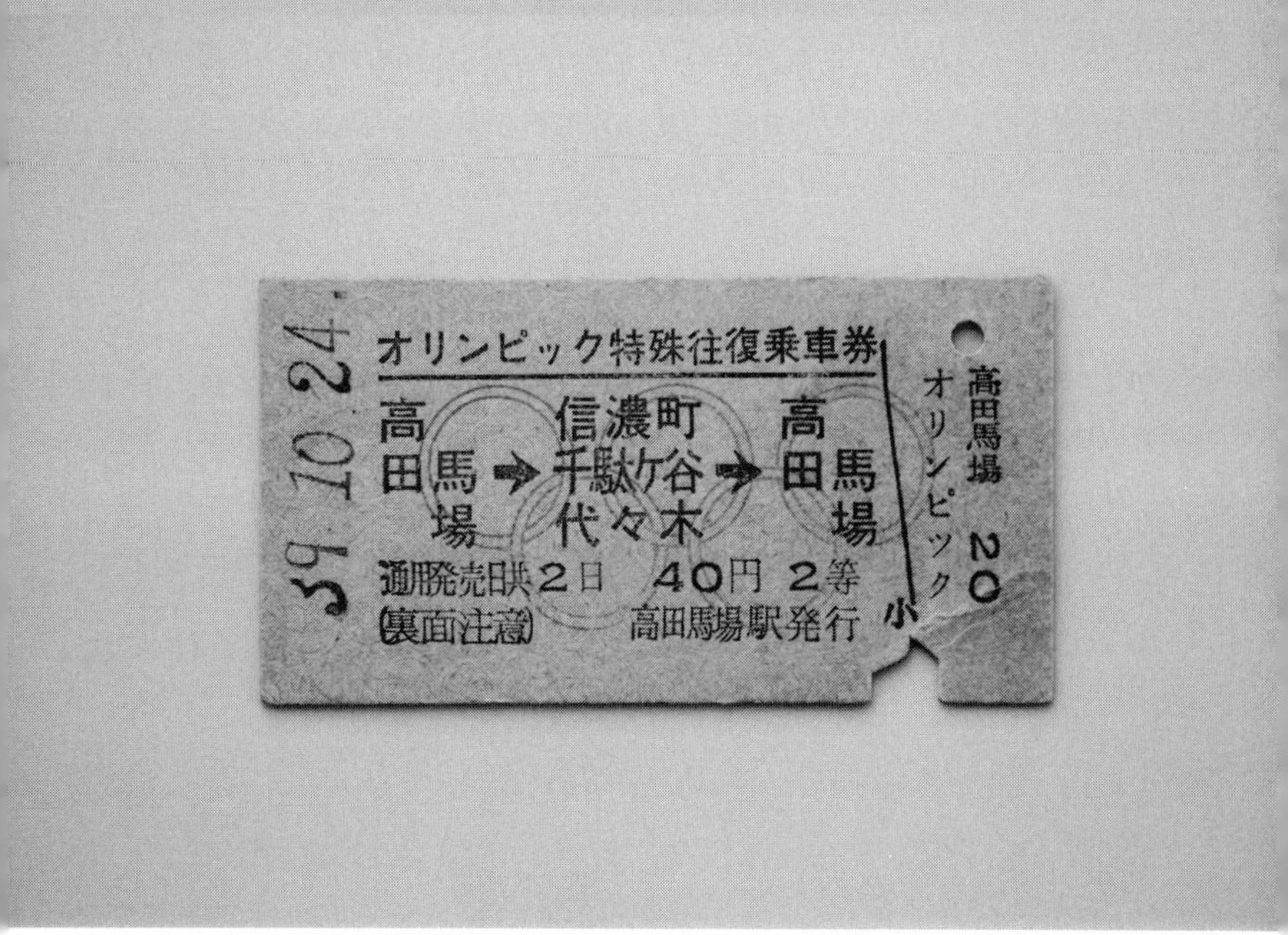

上:記者証とは別に、競技や会場によって撮影許可証は細かく分かれていた。
下:五輪期間中撮影スタッフに配布されていた、旧国鉄東京五輪限定切符。

1964

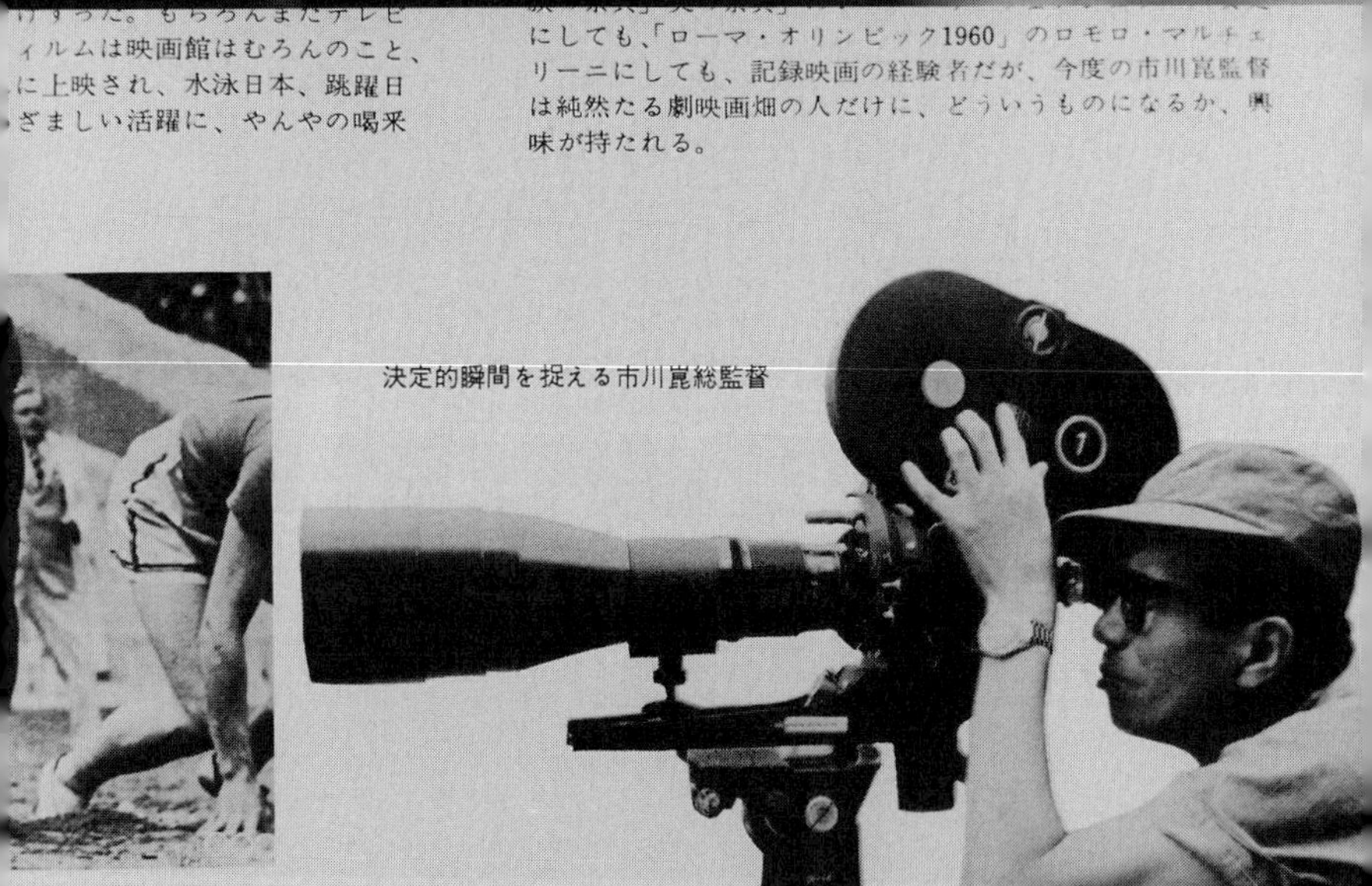
ィルムは映画館はむろんのこと、
に上映され、水泳日本、跳躍日
ざましい活躍に、やんやの喝采
にしても、「ローマ・オリンピック1960」のロモロ・マルチェ
リーニにしても、記録映画の経験者だが、今度の市川崑監督
は純然たる劇映画畑の人だけに、どういうものになるか、興
味が持たれる。
決定的瞬間を捉える市川崑総監督
スタート　タイム10秒3

上:1964年東京五輪の記者証。　下:膨大な量のフィルムを巧みに編集した市川崑監督。映画『東京オリンピック』では、撮影以外の箇所で頭を悩まされることが多かった。

五輪は「平和の祭典」である。その象徴である五輪旗は、ヨーロッパ、南北アメリカ、アフリカ、アジア、オセアニアの5大陸を表しており、同時にその相互の結合・連帯を意味している。オリンピックの根本原則を成文化したオリンピック憲章にも、以下のように書かれている。

〈オリンピズムの目的は、人間の尊厳の保持に重きを置く平和な社会の推進を目指すために、人類の調和のとれた発展にスポーツを役立てることである〉（「オリンピック憲章」２０１６年8月2日より有効、『オリンピズムの根本原則』より）

今やすっかり商業化し、世界的ショービジネスの一つとなった五輪だが、全ての大会が本来目指しているものは〈平和〉の構築なのだ。

64年東京五輪も、決して例外ではなかった。この大会でそれを強く意識していた人物の一人が、１９６５年公開の映画『東京オリンピック』の総監督を務めた、映画監督の市川崑である。当時すでに『ビルマの竪琴』『おとうと』などがヒットし、日本を代表する映画監督の一人として知られていた市川は、生前『東京オリンピック』の〝テーマ〟を各所で赤裸々に語っていた。

〈引き受けたはいいけれど、すぐにシナリオをあげろというんですね。どう書くんだか書き方もわからない。それでオリンピックというものについていろんな人に訊いて歩いたんですけれども、みんなオリンピックはオリンピックだよなんていうくらいの答えしか返ってこない。オリンピックについて熟知している人は、そう数いなかったんですね、当時は。

これは困ったと思っていたら、一緒に脚本を作ることになっていた和田夏十※さんが、「じゃあ、一番原始的な調べ方をやってみよう」と言い出して、百科事典を見たわけですよ。そこには、何の作為もなくいろんなことが書いてあるからということで。それを読むと、第一次世界大戦、この時はオリンピックが空白なんです。それから第二次世界大戦、これも空白。結局二人の意見が一致したのは、世界が大戦をしていないときにオリンピックというのは行われている。だから人間は四年に一遍、平和の夢を見るんじゃないか。それをテーマにしてシナリオ書くことにしたんです〉(『青春と読書』1998年6月号)

今では五輪がテレビ中継されることは当たり前になり、五輪の映像を記録・保存することが容易になったが、以前はオリンピック憲章により大会組織委員会が映画を製作することが義務付けられていた。中でもヒットラー政権下で開催された36年ベルリン大会を記録したレニ・リーフェンシュタール監督の映画『民族の祭典』『美の祭典』の2作は、現代でもその芸術性が高く評価されている。

64年東京五輪の記録映画は、当初黒澤明が監督を務める予定であったが、予算の都合から複数の監督に話が流れ、最終的に市川が引き受けている。市川を総監督に、脚本を妻の和田夏十《なっと》や詩人の谷川俊太郎、音楽を黛《まゆずみ》敏郎、撮影を宮川一夫など豪華スタッフが担当。制作に携わったスタッフ数は265人、撮影されたフィルムの長さは32万2933フィート（9万7858メートル）に及んだ。そして、日活ロマンポルノで名を馳せた若き日の山本晋也監督も、撮影スタッフの一人としてこの映画の制作に加わっていた。

「スタッフといっても長く生きたからこうやって呼ばれているだけで、大したことはしていないんだよ」

笑いながらそう謙遜するが、男子砲丸投げには山本が撮影した映像が使用されている。前述の通り撮影フィルムの長さは膨大であり、撮影した箇所がまったく使われなかったキャメラマンもいたであろう。山本は映画の制作に貢献している、その表現は決して誇張ではない。では、山本はどんな経緯で映画『東京オリンピック』に関わることになったのだろうか?

まるで詩のよう? 市川崑のとんでも指示

山本は東京市神田区、現在の千代田区出身である。建築士であった父親の影響で、当時から建築の名門であった早稲田実業に進学するも、大学は日本大学芸術学部へ進んでいる。

「早稲田では中高と映画研究会に入って、あれが映画人になるキッカケだったね。日芸に入って、日本教育テレビ(現・テレビ朝日)でバイトしてたんだよ。東映が出資してたから、映画で使い物にならないやつらが追われてテレビに来ててさ。当時の映画人はプライドが高くてテレビのことを〝電気紙芝居〟って言って馬鹿にしてたんだけど、テレビの中にも優秀な人はいた。

所属してた教養班で、羽仁進※さんと仕事したのもその頃。構成で田原総一朗※さんも入ってた。田原さんに〝映画をやりたかったらここにいちゃダメだよ〟って言われて、それで紹介してもらって岩波の映画製作所に行くようになったんだよ。その時に東京五輪が決まって、映画を作ることになった。今とは違ってフィルムだから、キャメラマンが一人いればフィルムを換える人間や三脚を支える人間、助手が大勢必要で、それで東京中からキャメラを使える人間が掻き集められたんだよね。岩波も参加することが決まってて、俺も行くことになっていた。市川崑さんが監督をするっていうのは、その後に決まったことなんだよ」

映画『東京オリンピック』は、いわば手足となる撮影スタッフだけが決まっていて、頭脳である監督の座は長く宙に浮いていた状態だったのである。市川崑が監督として仕事に取りかかり始めたのは64年4月、大会開始まで半年しか残されていなかった。

ここから市川は脚本を練り上げ、それに基づいて撮影は行われたのだが、戸惑ったのは集められた撮影スタッフたちである。彼らの多くは、当時映画館で上映前に必ず流れていた「ニュース映画」のスタッフたちであった。

「ニュース映画」とは、映画本編の上映前に15～20分程度にまとめられた時事問題などの情報伝達を目的とした短編映画である。テレビの普及とともに衰退していったが、60年代初頭まではニュース映画が動画の報道では最速の情報源であった。

常に〝ニュース〟を撮影してきた彼らにとっては、ドキュメンタリー作品に脚本があること自体が受け入れがたいものだったであろう。しかも市川の指示は劇映画出身の宮川一夫でさえ、以下のように評したほどである。

〈市川さんは、私にとって一番難しい監督でした。私がこれまで仕事をしてきた監督と、なんといったらいいのか、毛色が違っていた。具体的に書けないのですが、まったく違っていました。

市川さんは、撮るときにかなり抽象的なものの言い方をする。それを絵にするのですから、これは難しい〉（宮川一夫『キャメラマン一代』ＰＨＰ研究所）

事実、映画『東京オリンピック』の丸い太陽から始まるオープニングは、脚本では以下のように描写されている。

〈太陽。まぶしい光芒の中心部に、不意にまんまるな青が見える。澄んだ湖のように青い。いや、湖の青よりもつと冷たい青だ。磨きをかけた鋼鉄の色。その鋼鉄の丸い鏡がチリチリと揺れ動くのは、太陽を凝視する者の網膜が脈打つているからだろうか。瞬間、青は赤になり緑になり黄色になつたかと思うと白熱して周囲の光芒の中に溶け込んでしまう〉

ここだけを読むと、シナリオというより詩に近い。脚本で参加した谷川俊太郎の詩の方が遥かに平易な気さえしてくるし、宮川一夫ほどのキャメラマンが戸惑ってしまった理由も頷ける。山本も、当初は市川の指示に困惑していたそうだ。

「俺は脚本は見たことなかったな。チーフキャメラマンは持ってたんじゃない？ 現場で指示が俺たちに降りてたんだけど、〝選手の個性や癖を寄りで撮れ〟って言われてね。すごく映画的なやり方でドキュメンタリーを撮ってたんだよね、今思えば」

だが、何も全ての指示が抽象的だったわけではない。例えば男子４００メートルリレーに関しては、脚本でカメラの動き方がかなり具体的に描写されている。

〈カメラは第一走者、第二走者、第三走者、アンカーの順にトラックの上をパンし、選手の配置を示す。（中略）スターター、補助員、計時員、コーチ等々をカメラは拾う〉

現在発売されている映画『東京オリンピック』ＤＶＤの映像特典で脚本は全文確認できるので、是非脚本を手に映画を観てほしい。改めて読むと脚本というより〝スタッフの意思統一書〟のようにも読めるが、驚くべきはドキュメンタリー作品であるにもかかわらず、ほとんどその脚本の通りに映画が完成していることだ。

「それは和田夏十さんのおかげだよね、すごい脚本家がカミさんとして崑さんに付いてたんだよ」

では、実際にどんなスケジュールで撮影は進んでいたのだろうか。市川本人がインタビューで以下のように話している。

〈市川：朝、撮影現場に行く大勢のスタッフに、カメラ、フィルム、弁当を渡して「いいカットを撮って来てくれ」と送りだすわけです。（中略）旧赤坂離宮（今の迎賓館）に組織委員会の事務局があり、そこにぼくたちの映画協会の制作部がありまして、そこでスケジュールやスタッフの配置がえや予算のことなどをやっていました。撮影隊が帰ってくると報告を聞いたり、毎日現像所からできてくるラッシュ（撮影されたフィルム）を試写してみる。忙しい毎日でしたよ。もちろん、重要な競技は現場に行き監督をしました〉（「市川崑総監督が語る名作『東京オリンピック』ＪＯＣ公式ＨＰより」）

現場で実際に動いていた山本は、撮影当時をこう振り返る。

「俺は毎日電車で通ってたね。前日に担当するキャメラマンから〝明日はこの時間に駒沢に来てくれよ〟って連絡があるだけで、当日現場に行くとチーフからキャメラとフィルムが渡されるんだよ。俺みたいな下っ端とはチーフは口も聞いてくれないんだけど、みんな１００メートルとか人気がある競技を撮りたいんだよ。だからたまたま人気がなかった砲丸投げで人が足りなくなって、俺がキャメラを回すことになって、崑さんの指示通り寄りで撮ったら数秒使ってくれて。

今でも覚えているのは、開会式の時に女子トイレのマーク撮ってる助手がいたんだよ。〝五輪の撮影に来たのに何やってんだ〟と思ったんだけど、あのマークってのは東京五輪の時から使われたから、みんな何を意味しているのかわからなくて。女子トイレの前で、子どものオムツを替えている女性が写っていた。崑さんはそういう画をすごく喜んだんだよね。だから毎日撮影終了後に集まったラッシュを見て、〝こういう画を評価する〟ってキャメラマンたちに伝えていたんだと思う。それでスタッフ全員が〝撮るものは競技だけじゃないんだな〟って理解していった」

劇中では、競技のスタートやゴールだけでなく、選手がお弁当を食べてたり、スタートする前にぬいぐるみを触ったりする様が長尺で使用されている。これが市川崑の言う〝個性〟や〝癖〟なのであろう。その他、世界中から集まった記者たちが記者席で一斉にタイプライターを叩く画や、観客席で観衆たちが唾を飲み込む画など、競技と一切関係ないシーンが本編では多く使用されている。

無我夢中で15日間に渡る怒涛の撮影スケジュールをこなしたスタッフたち。だが、市川崑総監督の本当の戦いはここから幕を開けた。まずは、全部で70時間以上あるフィルムの編集作業を終え、関係者向けに映画の試写会が行われた。しかし山本曰く、競技の勝ち負けよりも出場した選手の内面にフォーカスした編集に、憤りを隠せないスタッフが多かったという。

「ニュース映画のキャメラマンたちが本当に崑さんに反発したのは、撮影した後、編集が始まってからだな。せっかく競技のすごい場面を撮ったのに使われないんだから」

そして65年3月8日に行われた試写会をキッカケに、事態は大きく動く。オリンピック担当大臣を務めていた河野一郎が、新聞紙上で映画を公然と酷評したのである。〈東京・有楽座でこの日行われたオリンピック記録映画の試写会に出席した河野国務相＝似顔（前オリンピック担当相）「記録性をまったく無視した、ひどい映画」と酷評することしきり。市川崑監督の〝芸術的手法〟が、かえって東京オリンピックの正しい姿を映すことを妨げている、というのだが「こんなオリンピックが東京で行われたと後世に伝えられては恥だ」とまでいい切って、関係者をハラハラさせた。隣でこの映画をみていた東知事（筆者注：当時の東龍太郎東京都知事）も、大きな体を恐縮させながら「まことに芸術性と記録性を両立させることはむずかしいことで……」と

とりなし顔〉（昭和40年3月9日付・朝日新聞）

五輪から年も明け、その熱狂も薄れつつあったせいなのか、記事自体は紙面の片隅で河野大臣の似顔絵付きで紹介されていただけで、まだ大きな取り扱われ方ではなかった。しかし、河野の怒りは本物であった。3月20日一般公開にもかかわらず、河野一郎は映画配給元の東宝に映画の作り直しを指示し、東宝もそれを検討し始めたのである。

〈【神戸】神戸春秋会総会に出席のため十日朝神戸に来た河野国務相は、オリエンタル・ホテルで記者会見し「近く公開されるオリンピックの記録映画のほかに新しく記録中心の映画をつくる」など次のように話した。

東京オリンピックを記録として残すためにつくった映画の試写会を見たが、芸術性を強調するあまり、正しく記録されているとは思われない。オリンピック担当大臣としては、これを記録映画として残すことは適当ではない。

すでにできた映画はそのままにして別に記録中心の映画をつくりなおすべきだと考え試写会の直後オリンピック組織委員会といまの映画をつくったプロデューサー（注＝田口助太郎オリンピック映画協会会長）に新しい記録映画をつくるよう話をしたと

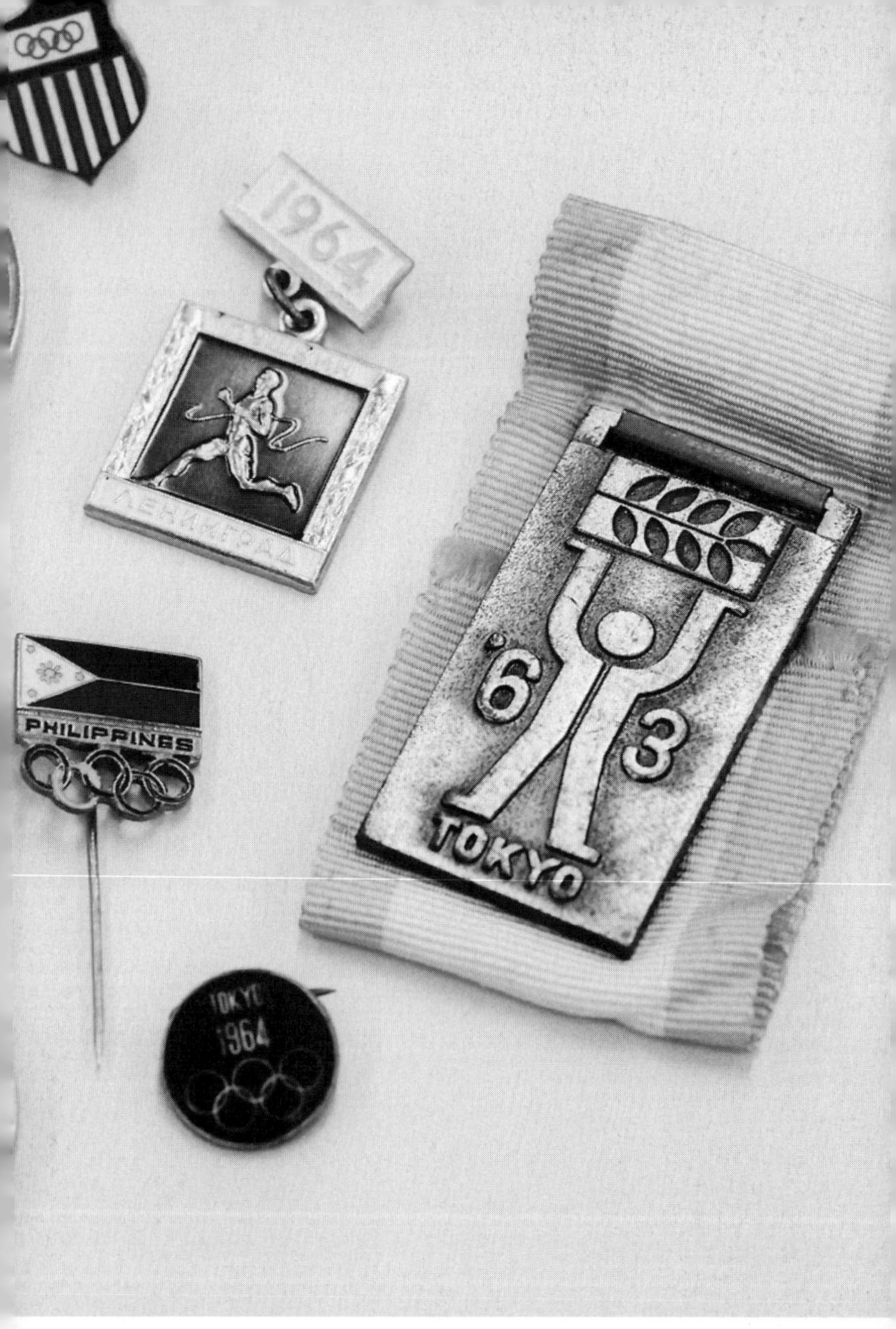
1964
ЛЕНИНГРАД
PHILIPPINES
'63
TOKYO
TOKYO
1964

64年東京五輪でもピンバッジやキーホルダーなど、多くの記念グッズが作成された。

ころ、組織委もプロデューサーも了承し、さっそく制作にかかることになっている。たくさんの記録フィルムがあるのでむずかしいことではない〉

〈東宝は九日重役会をひらき、同社が配給する長編記録映画『東京オリンピック』に日本選手の活躍場面が少ないとしてオリンピック組織委に再編集を申し入れた。

日本選手の活躍シーンが少ないなどの理由で、このことについては市川崑総監督ら同映画のスタッフが七日に初号プリント（筆者注：映画業界用語で、初めて完成したフィルムのことを指す。その後全国の映画館で公開するために、2号、3号と量産していく）の検定をした時にも問題になり、同総監督らはオリンピック組織委と相談してもっと日本選手の活躍場面を入れることを決めていた。だが八日有楽座で行われた試写会ではこの初号プリントが映写され、河野国務相らから大きな不満が出る結果となった。

十日、天皇、皇后両陛下をお招きしての試写会では山下とびなどのウルトラC、柔道の猪熊選手の背負い投げによる勝利と日の丸掲揚場面、ボクシングの桜井選手の判定勝ち、マラソンのスタートと皇太子殿下のお姿の四シーン、一分弱が追加されているが、東宝ではなおこの他に金メダル日本選手全員活躍場面、開会式に登場した児童鼓隊、オリンピックのための建築物全部などを入れるよう申入れたもの。オリンピック組織委は、この映画の制作を引受けたオリンピック映画協会と市川崑総監督に東宝の要望を入れるよう折衝を始めた〉（両記事ともに昭和40年3月10日付・朝日新聞夕刊）

これらの動きを他の新聞各紙も連日大々的に報じ、文化人やオリンピック関係者たちが映画に対する賛否を続々と各所で表明。ついには、時の佐藤栄作首相までが、映画『東京オリンピック』を鑑賞し、コメントを発表している。

〈全体としてよくまとまっている。一般の劇場で上映する〝見せる記録映画〟としては、こんなものじゃないかな。全体的にヤマ場はよく撮ってあるようだ。最初の試写会のときとは大分変ったんじゃないかな〉（昭和40年3月22日付・朝日新聞）

その記事の横で、4コママンガ『サザエさん』が映画『東京オリンピック』を作り直すべきか否かをネタにしている。銭湯を経営しているおじさんが、〝男湯〟〝女湯〟の上から〝作りなおすべきだ〟〝これでいい〟と書かれた紙を貼り付け、タラちゃんと一緒に銭湯に訪れたサザエさんにこう言い放つ。

〈今日は男女べつではなく、いけんべつに入浴していただきます もんだいのオリン

ピック映画のよろんをたしかめたいんだ〉

〝記録〟か〝芸術〟か、いかに日本国民の注目がこの騒動に集まっていたかがうかがえるが、これが手伝ってか劇場には観客が殺到。『東京オリンピック』は、最終的に日本国内だけで興行収入12億円、観客動員数1950万人という大ヒット映画となった。言い方は悪いが、現代の〝炎上ビジネス〟に近かったのかもしれない。

しかし問題は残っていた。IOCへ提出するための海外編集版の編集を、映画のプロデューサーでありかつて河野一郎の秘書を務めていた田口助太郎《すけたろう》が市川に無断で開始したのである。〝記録〟に振り切った編集をしようとしたのであろうが、これに歯止めをかけ、一連の騒動に終止符を打ったのが女優の高峰秀子である。

『二十四の瞳』をはじめ、子役時代から数多くの映画に出演し国民的女優の地位を固めていた高峰は、かねてより市川崑支持を新聞紙面で表明していた。そんな高峰は市川崑が編集権を奪われたことを見かねて、なんと河野一郎の下へ趣き直談判を行ったのである。そして河野と市川は高峰の仲介で直接顔を突き合わせて何度かの会合を重ね、無事市川の下へ編集権は戻り、IOCに提出する海外版も市川が編集することで一件落着となった。

五輪映画のおかげでピンク映画の巨匠に

結局、〝記録〟に振り切った映画も製作はされたのだが、山本曰くそれがかえって関係者内での市川の評価を取り戻したそうだ。

「記録用のも見たけど、つまらないんだよ。ニュース映画のキャメラマンたちも、それを見てようやく崑さんが正しいとわかった。田口ってプロデューサーは河野一郎の秘書だった男だからね、あいつが崑さんの映画が気に食わなかったから、河野一郎に何か吹き込んだんじゃない？　じゃなかったら河野一郎がわざわざ文句なんか言わないよ。俺は『東京オリンピック』っていう映画は良くできていると思った。東京っていうのは汚い町だった、それをよくここまできれいに映したよ。何よりプロパガンダになっていなかった、日本万歳っていう映画ではなかったよね。流石市川崑だよ」

現代の視点から見ると、むしろ当時〝芸術〟寄りすぎると言われる論拠となった、ピクトグラムのアップや、選手それぞれの癖や何気ない仕草の方が、１９６４年当時の雰囲気を強く感じ取ることができ、立派な〝記録〟映画になっていると思う。3時間近い大作だが、長さを感じることなくテンポ良く鑑賞できるところも、市川崑の編集技術が成した業だろう。

そして、市川崑が掲げた〝テーマ〟もしっかりとなぞられている。映画の冒頭、開会式の観客席で老人たちが涙を、そして子どもたちが無邪気な笑顔を浮かべながら行進を眺めている様を交互に映していくシーン。それだけでその世代に「戦争」という大きな断絶があったこと、五輪が大戦によって中断を余儀なくされたことが映像で端的に表されている。ラストの閉会式でも、聖火台の火が消えた後、こんなテロップが映し出される。

〈夜　聖火は太陽へ帰った　人類は4年ごとに夢をみる　この創られた平和を夢で終わらせていゝのであろうか〉

やや説明過多な気もするが、〝オリンピックの記録映画〟であること、不特定多数に見られることを踏まえての方略だったのだろう。この映画、現代では脚本全文が公開されていることも手伝ってではあるが、今見るとひたすらに〝わかりやすい〟のである。

〝記録〟か〝芸術〟か？という論争が不毛に見えてしまうのは、時代によって映画の観点が変わってしまうことと無関係ではあるまい。結局、映画『東京オリンピック』

はその年に海外で行われた多くの映画祭で数々の賞を受け、市川崑という映画監督の名声は一層高まることとなった。

余談だが、〝作り直しを了承〟したはずの田口助太郎プロデューサーは、映画公開後に大ヒットを受けて発売された別冊キネマ旬報に、こんな手記を寄せている。

〈日本人が一丸となって世界に誇ろうとした興奮が、すばらしい芸術を生んだのである。

一生を通じて、これほどの仕事はないであろうが、関係者すべての人々に、まず「ありがとう」を言いたい。そして、このフィルムで世界中の人々に、日本の持つ誇りと自信を訴える義務を私は感じている〉（昭和40年『別冊キネマ旬報東京オリンピック』）

一方、山本にとっても、映画『東京オリンピック』が予想外の追い風になっていた。

「撮影が終わってから、五輪なんてもう全然興味もなかった。すぐにピンク映画の撮影にチーフで入って忙しかったしね。そうしたらある時、撮影途中に監督が降ろされたことがあったんだよ。当時は大手の人が名前を変えてピンク映画撮ってたことが多くて、それが本社にばれちゃったんだよね。

ただ、映画ができないとスタッフはギャラがもらえない。俺はなんとも思ってなかったんだけど、世間では〝『東京オリンピック』に関わっていたことはすごい！〟ってなってたんだよ。だから〝あの映画に関わってたんだからピンク映画くらい撮れるだろう〟って思われて、それで監督をやることになったんだよ。日本シネマからは〝3本まで面倒見るから〟って言われて、そしたら3本目の『未公開の情事』が当たった。後から知ったんだけど、飲み友達の若松孝二が会社に（山本は監督に向いていると）言ってくれてたらしいんだよね。一緒に飲んでて、〝こいつなら撮影現場をまとめられる〟と思ってくれてたんじゃないかな」

ピンク映画の巨星誕生に、東京五輪が一役買っていたのだから、〝風が吹けば桶屋が儲かる〟とはよくいったものである。五輪が産み出したのは新幹線や高速道路だけではなかったのであった。

山本はその後、ピンク映画だけで250本以上の作品を監督。成人向けだけではなく、一般作品も制作した。80年代以降はタレント・ジャーナリストとして多くのテレビ番組に出演するようになり、現在も多くの社会問題に言及している。山本には、2020年東京五輪に対しても憂慮があるという。

「64年と今が、すごく似ているんだよね。63年にケネディが暗殺されて、五輪開催中も中国が核実験やってたんだよ。東京五輪には東西ドイツが統一チームで参加していたけど、あの時は（国際情勢が）すごく不安定だった。

今だってトランプが何をやるかわからないし、朝鮮半島だって平昌《ピョンチャン》では一緒に入場するらしいけど、これから日本にどう飛び火してくるかわからない。東京とメキシコは何もなかったけど、その後ミュンヘン五輪でテロが起きたわけだから。そこは歴史に学ばなきゃいけないと思う」

もちろん、これまでも世界のどこかで常に紛争は起きていた。だが山本の危惧する通り、ここまで不穏な空気が等しく国際社会を覆うことはそう頻繁に起こるわけではない。だからこそ、映画『東京オリンピック』は今も私たちにこう問いかけている。

〈この創られた平和を夢で終わらせていゝのであろうか〉

[参考文献]
文藝春秋編『異説・黒澤明』(文藝春秋)
宮川一夫『キャメラマン一代』(PHP研究所)
野地秩嘉『TOKYOオリンピック物語』(小学館)
石井正己『1964年の東京オリンピック』(河出書房新社)
山本晋也『カントク記』(双葉社)
モルモット吉田『映画評論・入門!観る、読む、書く』(洋泉社)

[注釈]

※**和田夏十**……1920年生まれ。市川崑の妻であり、脚本家として市川の映画制作を公私に渡って支え続けた。

※**羽仁進**……1928年生まれ。映画監督。代表作に『不良少年』『ブワナ・トシの歌』など多数。ドキュメンタリー作品も数多く手がけており、野生動物や原爆など、撮影対象は多岐に渡る。

※**田原総一朗**……1934年生まれ。ジャーナリスト。現在では「朝まで生テレビ!」の司会者としてのイメージが強いが、元々は東京12チャンネル(現・テレビ東京)のディレクターで、数多くのドキュメンタリー番組を手がけた。映画監督としても活動していた。

Story

12

近藤秀夫

Hideo Kondo

寝たきり状態から社会復帰を果たしたパラアスリート

〝障がい者が街に出る〟、
社会の目に触れるということが大事だと、
パラリンピックを通して身をもってわかったんです。

こんどう・ひでお

［車いすバスケ・車いすアーチェリー他多数］

1935年3月28日生まれ。51年、炭鉱事故で脊髄骨折、以降車いす生活となる。64年、東京パラリンピックに日本選手として参加。65年、日本初の車いすフルマラソン、車いすバスケットボールに参加。74年、東京都町田市の職員として採用される。81年、国際障害者年日本推進協議会結成に参加。2007年より高知県安芸《あき》市に移住。11年にNPO法人障害者自立生活センター「土佐の太平洋高気圧」を設立し、現在も副理事長を務めている。

全日空
ALL NIPPON AIRWAYS
NIPPON

上：パラリンピック選手村での生活は、当時の障がい者にとって驚きの連続であった。
下：車いすバスケの対アメリカ戦。体格や器具だけでなく、あらゆる面でアメリカとは差があった。

上:炭鉱や病院の景色を、近藤は写真に納めて大切に保存している。
下:日本初の車いすケースワーカーとして、多くのメディアに取り上げられた。

上:高知県内にある近藤の自宅。段差もほとんどない、完璧なバリアフリー住宅である。
下:二階へ上がるためのリフトもつけられている。

「これだけの設備があれば、俺たち障がい者も普通に生活できるよな！」

スロープや障がい者用トイレが完備されたパラリンピック選手村に入った時、近藤秀夫は車いすバスケのチームメイトたちとそうはしゃいだという。

近藤は〝健常者〟として岡山県に生まれた。2歳の頃に実母を亡くし、終戦後は戦争から戻ってきた父親の仕事の都合で、福岡県田川市の鉱山へ移り住んだ。

「上に二人の兄、再婚した母との間に妹もできて、当時は6人家族でした。ただ、父親が結核になりましてね。当時の炭鉱には多かったんです。結局父は亡くなって、育ての母は幼かった妹を連れて故郷へ帰り、私は兄たちと炭鉱に残って働くことにしました」

近藤の身に災いが降りかかったのはそんな折、まだ16歳の時であった。

「炭鉱の中で使うレールを運ぶことになりましてね。本当は14人くらいで運ばなきゃいけないんですけど、12人くらいしかいなかった。しかも私はチビだったから、一番先端を肩に担いでいたんです。そしたら前日雨が降ってぬかるんでいたからなのか、私の後ろで〝テコ〟の役割をしていた人が滑りそうになってパッと離れてしまった。そしたらそれを見た他の人たちも本能的にレールを離してしまって、その重さが全部私一人にかかったんです。その瞬間、脊髄がポキっと折れて、身体がV字になって突き出た脊髄が土に刺さった感触を覚えています。あっという間に気を失って、気がついたら三井田川病院に担ぎ込まれていました。数人がかりでV字になった身体を元に戻す最中、激痛で枕を食い破ったことを覚えています」

〝障がい者〟としてほぼ寝たきりの生活を余儀なくされた近藤は、退院後国立重度障害者センターへ移されることになる。元々傷痍《しょうい》軍人向けの施設で、当時は〝リハビリ〟や〝社会復帰〟という概念が一切ない時代であった。

「〝ここに来た以上何にも心配いらないよ、生活保護も出てるからね〟と言われました、3年間寝たきりの生活を続けていましたね。そのせいで床擦れが酷くて、拳を入れて脊髄をコンコンと叩けるくらい。骨を伝って脳みそに直接音が響くんです。リハビリなんてものはその当時はなくって、関節が固まらないように脚を動かしてくれる程度ですね」

血気盛んな10代後半~30歳までを施設で過ごしていた近藤に転機が訪れる。今も〝オヤジ〟と呼び慕う、中村裕《ゆたか》医師が施設を訪ねて来たのである。

「障がい者がスポーツなんて！」世間が猛反発

〝日本パラスポーツの父〟と呼ばれる中村医師は、外科医として大分県国立別府病院整形外科医長を務めていた。1960年に英国のストーク・マンデビル病院に留学し、〝パラリンピックの父〟と呼ばれたルートヴィヒ・グットマン医師に師事。現在では〝第一回パラリンピック〟として考えられている「ストーク・マンデビル車いす競技大会」を、60年五輪の開催地ローマにて、同年に執り行った人物である。グットマン医師は、脊髄損傷からのリハビリの一環として、障がい者スポーツに力を入れていた。中村がイギリス留学で受けた衝撃は、彼の評伝ではこのように描写されている。

〈裕の目の色が変わった。なんども目をこすった。日本では見たこともない光景を、そのとき目の前ではっきりと見たからだ。

ランニングシャツをきた人が、車いすにのったままボールをドリブルする。そのまえで両手をひろげているやはりランニングシャツすがたの人も車いすにのっている。

体育館での障害をもつ人たちのバスケットボールの練習風景を裕は見たのだ。

「ほらっ、いくぞ」

ボールがゴールをめがけてなげられた。ボールがはねかえった。そのボールめがけて、その人たちが車いすの両側の輪を力いっぱいおしてつきすすむ。

ガチン！

車いすがぶつかりあう。そのなかのひとりが車いすにのったまま床にたおれた。しかし、みんなはゲームに熱中している。その人はへいきな顔をして自分でおきあがった。そして、ふたたびボールをおっていく。

「うーん。日本ではまったくかんがえられないことだ！」

裕はうなった。

「車いすにのったままバスケットボールをしていたあの人たちの顔はどうだ。ひたいにあせをうかべて、目はいきいきとかがやいている。のびのびとあかるく、スポーツそのものによろこびをみいだしているではないか。いっしょにプレーをしている人もみなそうだ。

いま日本で、自分のところでやっているリハビリテーションといえば、マッサージや、ごくかんたんな体操くらいのものだ。それも、しかたないからやる、習慣になっているからおこなうといってもいいほどだ。あのバスケットボールをしていた人たちのようないきいきとした顔を、自分のところの患者のなかで見たことがない！」

裕は、そこでふと思いあたるものがあった。

「そうだ、このセンターでは、障害をもつ患者を、患者としてあつかっていない。体に障害のない、いわゆる健常者とおなじようにあつかっている。おなじようにスポーツをさせている。患者自身は、おそらく自分を患者とは思っていないだろう。スポーツをするよろこびに、いや、生きるよろこびそのものにひたっているのではないだろうか。

グットマン博士のおこなっているリハビリテーションのひみつは、ここにあるのだ。患者自身がよろこびをもって訓練しているところに、いままでにない効果があらわれているのだ」

裕はようやくわかった。そして、グットマン博士のすばらしさをしみじみと感じたのである。

「よしっ、この脊髄損傷センターで、みっちり勉強しよう」

裕は心にきめると、センターにねとまりをして、イギリス人の医者たちにまじってはたらきながら、日本ではまなべないことを勉強した。

裕が一年数か月の間、このセンターにいておどろいたことは、医者や養護学校の先生たちがチームをつくり、その患者に最もいい方法の治療をほどこしていることだったが、いちばんびっくりしたのは、センターをでた障害者をうけいれる制度が、国にあることだった。

たとえば、はたらきたい障害者がいると、その人にふさわしいしごとを紹介する事務所が、イギリス国内に四か所以上もある。そして、各会社も障害者をやとわなければならないきまりがある。つまり、政府も県も市も会社も、障害者がはたらきやすいようなしくみを、しっかりととのえているのだ。

いや、制度だけではなく、体にまったく障害のない健常者のなかにも、あたたかい目があるのだ〉（きりぶち輝『すすめ、太陽をあびて』PHP研究所）

この表現は決して過剰ではない。なんせ当時の日本では、障がい者による自動車の運転でさえ、法律で認められていなかったのである。

〈（従来の考え方は）不具者を倉の中とか、座敷牢《ろう》とかに閉じ込め、他人の目に触れさせなかった〉（長谷川雅己『東京パラリンピック大会報告書』）

近藤以外の東京パラリンピックに出場した選手も、そう述懐している。障がい者は社会から完全に隔絶された場所に置かれることが常識だった。中村がイギリス留学を通して、健常者の心境に着目していた点も見逃せない。障がい者の社会復帰には健常者側の意識変革の必要があること、そしてそれを通して健常者側の日常も豊かになることを、中村医師はおそらく当時の日本人で唯一見抜いていたのだろう。中村は日本でも障がい者スポーツを普及することをグットマン博士に誓い、地元大分県での障がい者によるスポーツ競技会を開くという決意を胸に、帰国の途についた。

だが進歩的すぎる改革は、人々の目には異端に映ってしまうのが世の常である。自分の病院に戻ってスポーツを治療に活かそうとした中村には、同僚の医師や患者家族からのこんな批判が殺到したという。

〈「えっ、障害者にスポーツをやらせる？　とんでもありません。むちゃな話だ。それでなくても体が不自由な人たちに、スポーツをやらせて体の調子をくるわせたら、だれが責任をとるんです？」

「そうですとも。中村さんは医者のくせに、障害者をおぜいの人のまえにひきだして、見世物にしようとしているんだ！」

「体の不自由な人がスポーツをやるなんて、もともとまちがっています。いままでじっと家の中にひきこもっていた者が、いきなりスポーツをやったら、たいへんなことになる」〉（きりぶち輝『すすめ、太陽をあびて』ＰＨＰ研究所）

今では笑い話のように聞こえてしまうが、障がい者が施設で一生を終えることが当たり前とされていた時代に、人々が中村の考えをすんなりと受け入れることは難しかったはずだ。だが、障がい者の中には車いすバスケをはじめ、競技に関心を示す人が多かった。彼らにとってスポーツは、社会復帰という光明に向かって垂らされた蜘蛛の糸だったのだろう。そこで中村は一計を案じることにした。

〈日本人は事大主義者である。とくに中央からみて、地方の出来事はほとんど目に入らない。逆にアメリカ、ヨーロッパのこととなると大騒ぎする。私はストーク・マンデビル大会に参加しようと考えた。身障者スポーツは大騒ぎされなければならないのである〉（三枝義浩『太陽の仲間たちよ』講談社）

中村は62年7月に時の首相・池田勇人《はやと》に面会を申し込み、東京五輪に合わせて障がい者スポーツの五輪開催を直訴。そして日本人が参加した前例を作るために、同月にイギリスで開催された第11回国際ストーク・マンデビル競技会へ、伊藤工と吉田勝也の2名を自身のポケットマネーで参加させた。卓球には両名が、水泳には伊藤が出場した。今ではパラアスリートが健常者と遜色ない成績を残すことも珍しくなく、競技の掛け持ちは滅多に見ることはできないが、この頃は競技の掛け持ちも当たり前に行われていたようだ。こんなことからも隔世の思いにとらわれる。

イギリスから選手団が帰国した62年8月には政府も東京パラリンピック開催を確約。翌63年には運営組織となる「国際身体障害者スポーツ大会運営委員会」が発足したが、問題は資金難であった。政府からの補助金は3000万円しか降りず、開催に必要とされた1億2200万円には遠く及ばなかった。

そこで寄付を募ることにしたのだが、ここで組織委員会は〝第13回国際ストーク・マンデビル競技大会〟という名称ではなく、脊髄損傷による下肢まひを表す〝パラプレシア〟と〝オリンピック〟を組み合わせた〝パラリンピック〟という造語を生み出す。そう、〝パラリンピック〟は日本から誕生したのだ。

88年ソウル大会から正式名称として採用され、現在に至っている。このキャッチーな名称が功を奏したのか、日本バーテンダー協会が募金箱を全国のキャバレーやバーに置き始めた。さらに、国民的歌手の坂本九が資金集めのチャリティーコンサートを開催する等、思わぬ援軍も手伝って資金面のハードルをなんとかクリアしたのであった。

そして中村の仕事は資金集めだけではない、選手のスカウトもまた重要な仕事であった。車いすバスケットボールはパラスポーツの花形種目、中村はその中心選手として、近藤に白羽の矢を立てたのである。施設を訪れた中村は、選手候補生たちを集めてこう切り出したという。

「オヤジ（筆者注：中村医師のこと）は割合若い、動ける障がい者だけを集会所に集めて〝今度オリンピックがあるけれども、同時にパラリンピックという大会もやろうと思っている。そこで普通は車いすバスケットで1カ国1チームしか出られないんだけど、日本だけ2チーム出られるように特別に許可をもらってきた。普通のバスケットと少しルールが違うので、いま翻訳しているからとりあえずボールを使って練習しておいてくれ。頼むぞ！〟と。中村先生は私が動けるように自分が勤めている病院で床擦れの手術も行ってくれました。

みんなやる気満々でしたね。ただ、ルールがなかなか来なかった。〝今翻訳してるから、英語で来てもわからんだろ〟と言われたんですけど、ルールを知ったのは大会1カ月前だったかな？　そんな状態でパラリンピックを迎えたんです」

別府の施設を出て、代々木の選手村へ向かうまでの道中を、近藤はいまも克明に覚えている。

「障がい者にとって、抱えられるっていうのは嫌なものなんですよ。外国の人は絶対に嫌がります。だけど外の世界を見たかったから、別府から空港に移動して、飛行機へは抱えてもらって乗り込みました。羽田空港からはリフト付きのバスがあって、車いすのまま乗れた。あれが国産のリフト付きバス第1号でした。それが何台も連なって首都高を走るのを、パトカーが他の車を止めて選手村まで先導してくれました。すごいな東京は！と思ったもんです」

そして先述の通り、選手村に入った近藤たちはその施設の充実ぶりに感嘆の声を上げた。選手村は、〝こうすれば障がい者が社会に出られる〟というモデルケースが全てパッケージとなって提示されていたのである。だが、当時の新聞を見ると、それがいかにレアケースであったかがわかる。

〈東京・代々木のオリンピック選手村は五日閉村、パラリンピック（国際身体障害者スポーツ大会）選手村に引き継がれた。（中略）このため朝はやくから、車イスの人たちが住めるようバタバタと改造工事がはじまった。食堂や宿舎の入口の階段にスロ

妻の樋口恵子と共に高知県安芸市に移住し、2011年に「NPO 法人自立生活センター土佐の太平洋高気圧」を立ち上げた。現在は同団体の副理事長を務めている。

ープ〈階段を車でも上がれるようにする金属製の坂〉をかけ、浴室のドアははずされた〉（昭和39年11月5日付・朝日新聞夕刊）

現在では一般名詞のはずの〈スロープ〉という単語に、当時は注釈が必要だったのである。しかも、この記事は運動面ではなく社会面に掲載されている。以上のことからも、障がい者へのサポートが十分でなかったこと、そしてパラリンピックに代表される障がい者スポーツが「スポーツ」として認識されていなかったことがうかがえる。

これは大会が始まってからもあまり変わらなかった、競技の模様は相変わらず全て社会面で報じられていた上、開会式の模様を報じる記事も〈秋晴れ、明るい選手の顔〉（昭和39年11月8日付・朝日新聞夕刊）〈明るい外国選手息をつめる観客よそに〉（昭和39年11月12日付・朝日新聞夕刊）という見出しが散見され、競技そのものよりも〝障がい者が明るくスポーツをしている〟という物珍しさばかりが報道されている。

外国人選手たちは選手村でもお酒を飲みながら、ジャズバンドの演奏をバックに異国間交流を楽しんだ。一方で、日本の選手たちは少し様子が違っていた。当時車いすバスケで出場していた須崎勝己は以下のように語っている。

〈勇気もないし、選手の集会所があったんですけど、そこに行く日本選手は誰もおらんかったですよ。自分もパラに行くまでは病院でずっと寝てる生活だったので、1日中車椅子に乗っていると褥瘡《じょくそう》（床ずれ）が気になってしまって、それどころじゃなかったように思います。その頃の車椅子には今みたいなクッションがないですから、円座だったんですよ、ゴムの。（中略）イギリスに中村先生と行った人が、「向こうの車椅子は車輪がハの字になっていた（筆者注：競技用車いすの多くは、動きやすいように〝車輪がハの字〟になっている）、作り方が雑で、日本のようにビシッと（まっすぐに）なっていないんだ」って言うんですよ（笑）。そんな車椅子なんて見たことなかったので、そう思ったんでしょうね。そう考えると、東京パラの前に海外ではもうスポーツ用の車椅子があったってことですよね。（中略）観光は行かなかったんですけど、一緒に車いすバスケットに出場していた、堤憲蔵さんらと一緒に寄席に行きました。堤さんは社会復帰されていて、慣れているので連れていってくれたんです。そのときのタクシーの運転手さんが車椅子なのに連れてってくれる方でうれしかったのを覚えています〉（平成28年9月6日付・webスポルティーバ）

国籍を問わず、選手村の中には共通してのんびりした雰囲気が漂っていたようだが、例外的に近藤は多忙を極めていた。

「朝起きたら、係の人が〝中村先生から聞いてるよな？〟って言って、私を競技場まで連れて行くんです。どういうことかというと、中村先生は国や周りを説得するために、あんまり動けない人もパラリンピックの選手として登録しちゃってたんですね。そうするとそういう人は当日になって風邪ひいただの、具合が悪いだの言って、部屋から出てこなかった。中村先生はそれも見抜いてたんです。私みたいに若くて動ける人間に〝やるのは君たちだ、頼むぞ！〟って言ってたのは、つまりそういうことだったんですよ。

もちろん私は何も聞いていなかった、だけど〝中村先生から聞いているだろ？〟って言われたら、オヤジの顔は潰せない。結局登録していたバスケットとアーチェリーだけじゃなく、全部で6つの競技に出場しました。しかもオヤジは国から補助金をもらってアメリカ製の高い車いすを用意していたんですが、重くて誰も使いたがらなかった。だから私に〝頼むからこれで競技に出てくれ〟と言われて、出ましたよ。高さもあるし、サイズも大きいからガバガバで使いにくかったですけど、オヤジのためにもそれで出場しました。だからね、オヤジの顔を潰さないことに大変で、成績とか何に出たとか、あんまり覚えていないんですよ」

バスケットボールではアメリカ人選手が点を取れない日本人選手にパスを出してくれたり、競技自体もかなりフレンドリーな雰囲気に終始していたようだが、車いす以外に中村医師が用意していたものがあった。

「収尿器というものがあります。今もつけているのですが、私たちのように脊髄を損傷するとオシッコが思い通りできませんから、バスケットのように激しい運動をすると漏れてしまいます。その頃はまだ大人用のオムツもありませんでした。そこで中村先生がアメリカ製の収尿器を10個用意してくれました、それもパラリンピックに出発する3日前だった気がします。それをつけるとね、尿が漏れないでバスケットができるんです。こんないいものはない！と思いましたね。64年パラリンピックは、〝こうすれば障がい者も社会に出られる〟そういうのが全部提示されていたんです」

最終的に東京パラリンピックで、日本は金1つ、銀5つ、銅4つのメダルを獲得した。道具だけでない、体力や技術が劣っていたにもかかわらず、これだけの成績を残せたことは立派な成績だと言える。だがそれ以上に、日本選手たちにとって社会復帰をしているかいないか、その点において、外国人選手と大きく違うことは大きなショックだった。

当時の日本選手団53名のうち、仕事に就いていたのは僅か5名のみ、しかも全員が自営業者であった。一方、外国選手たちのほとんどは国のサポートもあり仕事に就いていた。

当時はまだ戦傷や炭鉱事故もあった上、道路も未舗装だったので交通事故も多く、それらが原因で車いす生活を余儀なくされていた人がほとんど。現代よりも危険が生活と隣り合わせだったと言える。障がい者の社会復帰は、実は日本が直面している社会問題だったのである。

福祉後進国日本は、今も進歩していない!?

それでも、64年東京パラリンピックが日本社会に一つの楔《くさび》を打ち込んだことは間違いない。パラリンピック終了後、中村医師は地元大分県に「太陽の家」と呼ばれる障がい者のための職業訓練施設を開設し、生涯をかけて障がい者の社会復帰を支援し続けた。

パラリンピアンの中には、パラリンピックを契機に職を手にし、社会復帰を果たした選手もいた。近藤もそのうちの一人で、翌65年に日本タッパーウェアが創設した日本初の車いすバスケットボールクラブに選手として参加するため、同社に正社員として迎え入れられた。「タッパーウェアは私を含めた車いすバスケの選手を10人雇って、その住まいとしてフランス大使館の別邸を完全バリアフリーに改造してくれました。庭は練習ができるようにコンクートのバスケットコートを作って、照明までつけてくれて。

私なんかは生活保護で暮らしていましたから、生活レベルは高くなかった。だから会社がオーダーメードで服も作ってくれたんです。食事もフランス料理と日本料理のコックをつけてくれて、アメリカ人のコーチも終身雇用で日本に呼んでいました。その人の指導で毎日20キロメートル走ってたら、1カ月で首や背中にみるみる筋肉のコブがついてきて、プロレスラーみたいになってしまった。すごいお金をかけて私たちを入れてくれたんですよ。

当時の日本タッパーウェアの社長であるジャスティン・ダートさんには今も感謝しています。ダートさんは会社のお金ではなく、全て自分のお金でこれだけの待遇を用意してくれていました。私たちは会社に雇われていたのではなく、ダートさん個人に雇われていたんですね。

彼自身も私たちと一緒で車いすに乗っていたので、パラリンピックで日本の車いすバスケがボロ負けしているのを見た時に〝これは日本が弱いのではなく、日本の障がい者政策にスポーツが入っていないから負けるんだ。国の責任なんだ。私はタッパーで儲けさせてもらっているから、そのお金で日本に障がい者スポーツの基礎を作りたい〟と言っていましたね。それで見事に基礎を作ったんですよ。

私は試合になったら腕が短いし、そんなにいい選手ではなかったんですが、当時は車いすバスケが練習できる体育館もなかったし、車がないと移動もできなかったけどみんなが車を持っているわけじゃない。だからそういう練習や試合の日程調整が、私のメインの仕事になっちゃったんですね」

恩人であるジャスティン・ダートの離日と歩を合わせるかのように、日本タッパーウェアを離れた近藤は、車いすをオーダーメードで製作する会社を仲間たちと立ち上げた。その後74年には、日本初の車いすケースワーカーとして東京都町田市の職員となり、多くのメディアに取り上げられた。だが、それだけの活動を経た上で、近藤には東京パラリンピックの大きな〝反省点〟があるという。

「私たちを空港から選手村まで乗せてくれたリフト付きバス、選手村から競技場までの移動も全部それでした。あのバスはあれからどうなったか知ってます？ 結局全国の国立障がい者施設に送られて、使う時も施設の人を乗せたら山や湖に行って、そのまま静かに施設へ帰るんです。せっかくパラリンピックのために作ったものは、それから社会に触れられることはなかった。

町田市に〝日本初のリフト付きバス〟と書かれて展示されているバスがあるんですが、本当の第1号は64年のバスです。だけど、パラリンピックが終わったらバスにはネジ1本予算がつかない、結局修理もできずにそのまま朽ち果てていったんです。これが私がパラリンピックでした大きな体験でした。1台のバスでも、社会に触れないとダメなんです。パラリンピックの後も、障がい者が社会の目に触れないのと同時に、車も社会の目に触れないで忘れ去られていったんです。

障がい者にとって一番のバリヤーは家族でした、みんな障がい者の身内を人目につかないように家から出さなかった。そのままではあのリフト付きバスと一緒ですから。〝障がい者が街に出る〟、社会の目に触れるということが大事だと、パラリンピックを通して身をもってわかったんです」

もしも64年パラリンピック終了後、速やかに東京の街を選手村と同じになるよう改装工事を進めていれば、今頃日本はどうなっていたのだろうか？ かつて日本に障がい者が社会に復帰する道筋を示してくれた欧米が目を剥くほどの、一つのモデルケースにさえなりえたかもしれない。

残念ながら、今も東京が、日本がそうなっているとは言い難い。だが東京パラリンピックは２０２０年にもう一度訪れる。挽回の機会はまだ残されているのではないだろうか。

64年から２０２０年の間に、パラリンピックはすっかり様変わりした。選手たちが笑いながら、助け合いながら競技を楽しんだ64年。しかし現在では健常者よりも早く走り、高く跳ぶパラアスリートたちが、人生を賭けて真剣勝負に挑んでいる。近藤には予感がある。２０２０年パラリンピックをキッカケに、新しい変化が起こるのではないか？ と。

「リオ・デ・ジャネイロ・パラリンピックの閉会式、次回東京のプレゼンテーションでは義足のモデルさんやダンサーさんが出てきましたね。〝障がい〟というものをスパッと切って社会にこれほど高いレベルで、芸術を紹介したのはあれが初めてだと思うんです。

あの瞬間まで、ハンディはハンディだったわけですよ。でもあの切り口によって、障がいが文化と結びついた。スポーツだけじゃない、障がい者が芸術・文化とどう関わってきたかを社会に見せたでしょ。２０２０年は、あの切り口をもっと進めてくれるはずです。それは〝障がいはハンディ〟という考えを打ち破る、大きな力になると私は思います」

日本の歴史を省みて、64年東京パラリンピックは間違いなく革命的な出来事であった。だが、その〝遺産〟を十分に活かせたか？　といえば、そこには大きな疑問が残る。近藤の言う通り、本当だったらもっと劇的な変化が訪れなければいけなかった。

後世から見て、２０２０年パラリンピックはどんな一歩を踏み出した大会として記憶されるのだろうか。そしてその第一歩を、２０２０年以降の世界に生きる我々はどれだけ意義のある一歩にできるのだろうか。

【参考文献】

近藤秀夫『車椅子ケースワーカーの7600日――私が福祉のしごとから学んだこと』（自治体研究社）
きりぶち輝『すすめ、太陽をあびて』（PHP研究所）
三枝義浩『太陽の仲間たちよ～身体障害者とある医師の挑戦～』（講談社）
郷農彬子『2020年のCan I help you?』（東峰書房）

あとがき

本書は、雑誌『月刊サイゾー』で連載させてもらった「東京五輪1964－2020」を大幅に加筆修正したものです。お話をうかがいたい64年東京五輪出場選手は、連載開始時点で自分の中ではほぼ固まっていましたが、その元オリンピアンたちが取材を快諾してくれるかは不透明でした。そういった不確定要素も多かったため、当初連載は「不定期連載」という名目でスタートしました。

それでも、お休みさせてもらったのは1カ月だけで済みました。これもひとえに、取材をご快諾いただいた皆様のおかげです。時には当人にとっては聞かれたくなかった、立腹されても当然のような質問もあったかもしれません。それでも初対面の、皆様の半分も生きていない小僧を相手に、貴重なお話や資料を惜しげもなく提供していただきました。真摯に対応していただき、本当にありがとうございました。取材者としてだけでなく、一人の人間として多くのことを学ぶことができました。改めて御礼を申し上げます。

また、粘り強く取材と執筆を支えてくださった、サイゾー編集部の平野遊さん。単行本編集を担当してくださった、高橋聖貴さん。装丁を担当してくださった、デザイナーの伊藤拓希さん。素晴らしい写真を撮影してくださった、フォトグラファーの池本史彦さん、西木義和さん、吉野歩さん、安里美椎菜さん。各氏にも改めて感謝を述べさせてください。本を作るという作業は、決して一人ではできません。素晴らしいチームに支えていただきました。

もしも本書を手に取っていただき、不満を感じた読者の方がいらっしゃいましたら、それはただただ筆者の力不足によるところです。

1985年生まれの自分に、64年東京五輪の記憶や思い出など、当然残っているはずもありません。そこで、過去の新聞、雑誌、書籍には大変助けていただきました。それらの資料を基に、「この時、本当は何が起きたんですか?」「このように書かれていますが、本当ですか?」そんな質問を取材対象者にぶつけた上で、「それはその通り」「本当はこうだったんですよ」と事実確認を一つ一つ行いながら、取材を進めていきました。

先人たちの残した記録がなければ、本書を執筆できなかったと思います。作業を進めながら、64年以前から連綿と続くタスキを受け取ったような気分でした。その上で、各メディアの先輩たちにお願いがあります。12名の中には、過去に受けた取材の際に写真や資料を貸し出した後、それらを紛失されたり、返却されなかったりした方が多々いらっしゃいました。今からでもいいです、心当たりのある方は返却をお願いいたします。そういう写真に限って貴重なものですし、穴の空いたアルバムを見るのは寂しい限りでした。

64年東京五輪、そしてパラリンピックに出場した選手たちの多くが、五輪自体には今も特別な思い入れを持ちながら、東京五輪の成果には疑問符を抱き続けています。飛び込みの馬淵かの子さんに至っては、〝東京五輪は失敗だった〟とまで断言していました。一方で、サッカーの小城得達さんのように、東京五輪が〝日本のサッカーの歴史で大きなウエイトを占めている〟と、サッカー発展の礎となったことを証言している方もいます。

ある面では失敗し、ある面では成功した。それが実態だと思います。時間とともに64年東京五輪は過剰に美化され、美しい一部の思い出だけが一人歩きしてしまったのかもしれません。

２０２０年東京五輪が、64年をモデルケースとして開催されようとしていることは間違いありません。ですが、そもそも64年東京五輪は本当に〝成功〟だったのでしょうか？ 仮に64年東京五輪が〝失敗〟であったと省みた場合、２０２０年を迎える私たちの振る舞いを、より謙虚にしてくれるのではないでしょうか。

２０２０年東京五輪の〝成功〟を願って。

２０１８年9月7日　カルロス矢吹

本書は、雑誌『サイゾー』2017年7月号から18年8月号に掲載された
連載「TOKYO OLYMPIC 1964-2020」に加筆・修正・再編して単行本化しました。

［著者］
カルロス矢吹（かるろす・やぶき）
1985年宮崎県生まれ。作家、（株）フードコマ代表。大学在学中より、グラストンベリーなど海外音楽フェスティバルでスタッフとして働き始める。以降、日本と海外を往復しながら、音楽・映画・スポーツ・ファッションなど世界各地のポップカルチャーを中心に執筆業を開始。コンサート運営、コンピレーション編集、美術展プロデュースなど、アーティストのサポートも行う。2012年より、日本ボクシングコミッション試合役員に就任。山中慎介や井上尚弥ら、日本人世界チャンピオンのタイトルマッチを数多く担当。著書に『のんびりイビサ』（スペースシャワーブックス）、『北朝鮮ポップスの世界』（花伝社、高英起との共著）、『アムステルダム～芸術の街を歩く～』（大和書房）『NEW LONDON-イースト・ロンドン ガイドブック-』（DU BOOKS）がある。

アフター1964 東京オリンピック
ルポ：東京五輪の後、日本とスポーツはどう変わったか

2019年1月23日　初版第1刷発行

著　者　カルロス矢吹
発行者　揖斐 憲
発行所　株式会社サイゾー

〒150-0043 東京都渋谷区道玄坂1-19-2-3F
電話 03-5784-0790（代表）

カバー写真　池本史彦
装　丁　伊藤拓希（cyzo inc.）
D T P　坂井恵子
編集協力　高橋聖貴
印刷・製本　株式会社シナノパブリッシングプレス

ISBN978-4-86625-108-0